蔡元定

（1135—1198）

盧峯
四世九贤家

福建历史文化名人丛书
福建省社会科学界联合会 编

蔡元定

闽学干城

祝 熹 编著

海峡出版发行集团 THE STRAITS PUBLISHING & DISTRIBUTING GROUP | 福建人民出版社 FUJIAN PEOPLE'S PUBLISHING HOUSE

图书在版编目（CIP）数据

蔡元定：闽学干城/祝熹编著. --福州：福建人民出版社，2017.9（2020.11重印）
（福建历史文化名人丛书）
ISBN 978-7-211-07785-4

Ⅰ.①蔡… Ⅱ.①祝… Ⅲ.①蔡元定（1135-1198）一生平事迹 Ⅳ.①B244.99

中国版本图书馆CIP数据核字（2017）第225531号

蔡元定
CAIYUANDING
——闽学干城

编　　著：祝　熹
责任编辑：陈　宽
出版发行：福建人民出版社　　**电　　话：**0591-87604366(发行部)
网　　址：http://www.fjpph.com　　**电子邮箱：**fjpph7211@126.com
地　　址：福州市东水路76号　　**邮　　编：**350001
经　　销：福建新华发行（集团）有限责任公司
印　　刷：福建省金盾彩色印刷有限公司
地　　址：福州市金山浦上工业区D区24幢
开　　本：700毫米×1000毫米　1/16
印　　张：6.50
字　　数：69千字
版　　次：2017年9月第1版　　2020年11月第2次印刷
书　　号：ISBN 978-7-211-07785-4
定　　价：25.00元

本书如有印装质量问题，影响阅读，请直接向承印厂调换。

总 序

李 红

社会科学承载着“认识世界、传承文明、创新理论、咨政育人、服务社会”的重要功能，是人类赖以传承的精神支柱。近年来，福建省各级各部门认真贯彻《福建省社会科学普及条例》，社会科学普及工作扎实开展、稳步推进，通过举办全省社科普及宣传周、建立社科普及基地、开办社科普及讲坛等社科普及咨询平台载体，其制度化、常态化、大众化工作取得了明显成效。

习近平总书记指出，文化是民族生存和发展的重要力量，中华优秀传统文化已经成为中华民族的基因，植根在中国人内心，潜移默化地影响着中国人的思维方式和行为方式。福建文化是中华文化中极富特色的一部分，深度融入了中国文化的进程，展现出突破陈规、积极进取、兼容并包、锐意创新的胸襟和气魄。向大众传播福建优秀的历史文化知识，是福建省社科普及工作的重要内容。以接福建地气、讲福建故事、塑福建形象、续福建文脉的姿态编辑出版的“福建历史文化名人丛书”，既较为全面地展示了福建文化深厚的历史底蕴和丰富的人文精神，也为福建当下的社会文化建设提供了有益的资鉴。“福建历史文化名人丛书”所包含的朱熹、林则徐、严复、陈嘉庚等人物传记，记录了福建文化之于中国历史的影响，同时也以人物史的叙述方式生动地展现出中国人文精神的风骨和传统文化的传承。

今天，我们提倡和弘扬社会主义核心价值观，必须从中华优秀传统文化中汲取丰富营养，否则就会缺乏生命力和影响力。“福建历史文化名人丛书”记录了福建历史文化人物的价值观践行轨迹，重温了这批福建历史文化乃至中国历史文化史上重要人物的生命历程，以浅显晓畅、通俗易懂的叙述方式讲述了中华优秀传统文化传承的当代意义，开辟了社会科学知识进入千家万户的新路子。

“最忆市桥灯火静，巷南巷北读书声。”一套好的社会科学普及丛书，总是能带动起读书的风气。将学习作为一种追求、爱好和健康的生活方式，也是“福建历史文化名人丛书”所期望实现的目标。在文字中领略福建地域文化魅力，在阅读中传承传统文化养分，在感悟中提升人文道德情操，社会科学普及丛书的出版，可谓正当其时。

（作者系福建省人民政府原副省长，福建省政协原副主席）

目录

岱峰夕照
望断高峰眼不花
個中髣髴認人家
情知一樣青山色
才有斜陽景更佳
公元貳零壹肆年麻
沙鎮政府建浮翠園
於麻陽溪畔惠澤
鄉梓余應魁題劉化

第一章

少年立志

蔡元定生而聪明，幼年时苦读《西铭》，精研《二程语录》，并对象数有了深刻的了解，在少年时就具有了一位大儒的格局。

建阳蔡氏

蔡氏多称济阳，济阳蔡氏以姬叔度为始祖。姬叔度是周文王的第14子、周武王的同母弟。武王灭商后，封姬叔度于蔡国，姬叔度成了蔡国和蔡姓的始祖，因而又被称为蔡叔度。蔡国灭亡后，蔡国人继续居住在以济阳为中心的上蔡、新蔡、下蔡一带，所以有“天下蔡氏出济阳”的说法。济阳蔡氏是大家族，历史上人丁兴旺，名人辈出，后世绝大多数蔡氏以济阳蔡氏为大宗或正宗。蔡氏家族也就以“济阳蔡氏”作为中华蔡氏的总堂号。如今，麻沙镇水南村的蔡氏大宗祠镌有溯源济阳的联句：“济阳蔡氏家声远，家学心传世泽长。”

西晋以后，北方战乱，中原民众大量南迁，蔡姓开始大规模进入江苏、浙江地区。唐乾宁四年（897年），光州固始县的蔡炉为了躲避中原战乱，来到建阳，是为建阳蔡姓始祖。

蔡炉，字延器，光州固始人，生于唐宣宗大中十年（856年），妻子闵氏。蔡炉聪明颖悟，博通经传，遍览诸子书史。乾符四年（877年）领乡荐，次年中进士。及第后，赴德州任知州，再迁东昌刺史；乾宁二年（895年）升任凤翔节度使。唐昭宗天复二年（902年），蔡炉择居建阳麻沙。

蔡元定一系由入闽始祖蔡炉开始，传二世蔡銮、三世蔡梅、四世蔡炀、五世蔡克顺、六世蔡仁、七世蔡伯充（又为蔡伯克）。蔡伯充，字德宏，轻视富贵，乐于贫贱，隐居不仕。他墓碑上题的“有宋五二处士蔡公之墓”便是蔡元定请朱熹题写的笔迹。

蔡炉的八世孙，有一位叫蔡谅的，即蔡元定的祖父。蔡谅早慧。绍圣四年（1097年），他由州县荐举到太学学习。《庐峰蔡氏族谱》记载，此时的蔡谅一心一意研读孔孟之学，主攻《易经》。他在太学毕业后担任大名府的教谕官，因政绩突出，被提擢到京城的太学任太学录。

北宋中期，由王安石变法引起了新党和旧党之间的争斗。宰相蔡京把旧党列为“奸党”。当元祐“奸党”的碑文立于各地州郡时，在庙堂当官的蔡谅终于按捺不住，上奏劝徽宗要“刚仁勤俭”，又对蔡京说：“宰相的气度是清廉、谨慎、正直。司马光、吕公著，他们的人品何等高尚，为何你却将他们当成奸邪之徒，而且镌刻在石碑上？”蔡谅的直言进谏，引得蔡京大怒。

因为蔡谅与蔡京同姓，蔡京是很想把蔡谅纳入麾下的。蔡谅得罪蔡京后，索性弃官而去，回到建阳，过着逍遥云水的日子，还给自己取了一个“首阳居士”的号。首阳山是商朝孤竹国的伯夷、叔齐隐居之地。伯夷、叔齐不做周臣，不食周粟，靠采薇菜充饥，最终饿死山中。蔡谅以“首阳”为号，既有隐居不仕，又有崇尚气节的意味。

蔡发，字神与，号牧堂，是蔡炉的九世孙。娶詹氏。

蔡发同他父亲一样，是个早慧的孩子，六七岁就能作诗。蔡发还是一位上知天文、下通地理的奇才。

父亲蔡谅从朝廷的党争中抽身而退后，深感个人的身不由己，因此不让蔡发出仕。蔡发在家中受教，记忆力奇好，学问广博，不受世俗约束，读了万卷书后，只身远游，行万里路，见闻更上一层楼。在行走万里、体悟天地的过程中，蔡发对易象、天文、地理有了更深刻的体悟，已能敏锐地发现各种典籍的错讹并加以修订。

中年之后，蔡发回到家乡，结了婚，生了子，从此杜门谢客，读书著述教子。他先后写下《天文星象总论》《地理发微》等著作。

晚年的蔡发身体不好，患病去世前，亲手写下一段简短的文字给儿子蔡元定，嘱咐他做人做事要忠厚诚实，尤其是告诫蔡元定不要耽溺利禄，功名利禄是杀身之祸。

自蔡发开始，蔡家四世都专注于圣贤之学，除了蔡杭出仕，其余的儿孙淡泊名利，隐居不仕。蔡发的一位儿子、三位孙子、四位玄孙都宗于儒家，勇于卫道，以儒学名世，蔡元定和儿子蔡沉都配享孔庙。

家学流光

蔡诉是主攻“五经”之首《易经》的。蔡发沿着父亲的《易经》之道走得更远了，他将视界投向日月星辰、山河湖海，撰有《天文星象总论》《地理发微》。多年后，他的儿子蔡元定继承家学，又比父亲蔡发走得更远，成了易象、天文、堪舆、乐律大家。

蔡发教子，教的是圣贤之学。而这是从胎教开始的。

蔡发晚年得子。蔡元定出生时，蔡发已47岁。

研究术数奇门的蔡发怀有深深的儒家情怀，他希望唯一的儿子能成长为一名大儒。在妻子詹氏怀孕的时候，蔡发已经开始了教育的第一步——仿效“太任胎教”。詹氏一怀孕，他就找一处幽静的房间，把古往今来的圣贤画像一齐挂出来，让妻子整日浸淫于圣贤群像之中。

幼时的蔡元定明显聪明过人，与平常的孩童不同。

绍兴十年（1140年），蔡发的母亲朱氏去世。蔡发将母亲葬入祖茔，并为母亲写下碑铭，刻石立碑，赞叹母亲“效三迁以择邻，学剪发而款宾，真女中之冠也”。这一年蔡元定6岁。安葬母亲后，蔡发在显庆坛边筑屋守丧，就以“显庆”为名，称“显庆堂”。

丧期结束，蔡元定10岁了，他的扫洒进退已合乎礼仪，启蒙之学也都已通读。蔡发必须让儿子“进阶”。一天，蔡发取出一篇文章让蔡元定阅读。蔡元定一看，是张载的《西铭》。

感悟《西铭》

《西铭》是儒家经典著作，几乎所有的宋儒都极其推崇《西铭》。

《西铭》的作者是张载。张载，字子厚，原是大梁（今河南开封）人，后来举家迁徙到凤翔郿县（今陕西眉县）横渠镇。张载的学术理论构建起系统之后，很快就被世人认可，学者尊敬地称他为横渠先生。横渠地处关中，张载创立的学说便被称为“关学”。张载晚年将他的重要著作传给他的门人苏炳。元祐二年（1087年），苏炳效仿《论语》《孟子》的体例，将先生

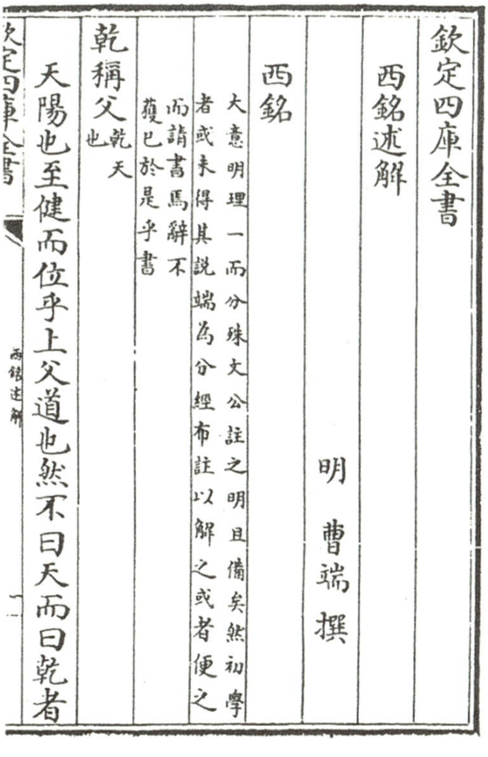
欽定四庫全書

西銘述解

明 曹端 撰

西銘

大意明理一而分殊文公註之明且備矣然初學者或未得其説端為分經布註以解之或者便之而請書焉辭不獲已於是乎書

乾稱父 乾天也

天陽也至健而位乎上父道也然不曰天而曰乾者

欽定四庫全書

西銘述解

曹端撰注的《西铭述解》

的著作编为十七篇，书名为《正蒙》。《正蒙》一书的最后一篇是《乾称》。《乾称》一文的开头部分就是《西铭》，结尾部分是《东铭》。

《西铭》虽短，但所传达的是一种精神境界，也是一种生活方式。文中的儒家“仁孝”思想受到了宋儒的普遍重视，程颢、程颐、朱熹都推崇备至，成为宋明理学的重要思想来源之一。有这种思想的人，才敢于担当。张载就是有担当天下的气度之人，他的“横渠四句”最为世人所熟知：

为天地立心，为生民立命，为往圣继绝学，为万世开太平。

少年大格局

蔡发让蔡元定攻读《西铭》只是第一步。第二步，蔡元定由《西铭》上溯至《正蒙》。紧跟着《正蒙》的是《二程语录》。蔡元定从《二程语录》入手，开始承接洛学，直抵洛学之门。“语录”既然

“语录”是记录理学家们师生答问的文本，是老师传道授业之语，具有口语化和简易化的特点。

是师生答问，所以其中的问题具有明显的针对性、情境性和现场感。学生阅读语录，感觉先生就在眼前，针对自己的问题答疑解惑、悉心教导。因此，“语录”是学生修道的不可或缺的工具。

二程的语录浅显流畅、浅近而亲切，蔡元定在阅读中获得巨大的营养，他认真琢磨道学义理的话头，思考理学的精髓，由此快步登入程氏兄弟构建的理学大厦。

他一面浸淫于张载、二程的义理；一面又继承家学，苦攻象数。

象数学本就是蔡家的家学。蔡元定的祖父蔡谅是攻读《易经》的，蔡元定的父亲蔡发以《易经》为基点，兼及天文地理。蔡发要让儿子在易学及天文地理上有进一步的体悟。要学象数，就得取法乎上。蔡元定研究象数学的起步之书是《皇极经世书》。

《皇极经世书》的作者是邵雍。邵雍，字尧夫，谥号康节，自号安乐先生。与关学的代表人物张载、洛学的代表人物二程、涑学的代表人物司马光的关系都极密切。但邵雍的思想与关学、洛学、涑学不同，他的思想核心是“数”，因此，邵雍的学术被称为“象数学”。邵雍的象数学是中国古代数学与自然科学高度发达的标志，简直到了神奇的地步。邵雍以《易经》的“数学”为基础，结合《易经》的“象学”，撰写出一部占卜书——《梅花易数》。而他的另一本《皇极经世书》不像《梅花易数》着眼于人、物的占卜，而是一部运用易理推究宇宙起源、自然演化和社会历史变迁的著作。邵雍创立了“元、会、运、世”一套有规律的预测方法。一元是129600年；每元12会，一会是10800年；每会30运，一运是360年；每运12世，一世是30年。“元、会、运、世”各有卦象表示，每年也都有卦象表示天文、地理、人事发展变化。一旦洞察其中的玄机，就能明白天道变化的道理，那么天地万物的生命运程、历史的兴亡、世界的分合、自然的变化就都能够预知。

《皇极经世书》极其高妙，常人难以理解。就算是程颢这种绝顶聪明的学者，也坦言要花20年时间才能学到邵雍的象数学。

程门四大高足之一的谢良佐曾记录一件事：邵雍精通易学。之前，推算长达千百年的历书一定会出差错，但邵雍的推算不会出错，从现实中列举一些已经发生的事件，再比较邵雍的预测，就能发现其精准度。邵雍要将易学推算的本事传给程颢、程颐兄弟，但二程没有时间学习，因为如果深入钻研，那起码要20年的时间。不过，程颢和邵雍关系密切，很了解邵雍的推测方法。一天，程颢监考的时候无聊，就用邵雍的方法推算，与事实一一吻合。监考结束后，程颢对邵雍说：你的推算精髓是“加一倍法”。用“加一倍法”推算，扬雄的《太玄经》都比不上你的方法了。邵雍非常吃惊，摸着程颢的背说：大哥，你太聪明了。

现在，蔡发将恢宏大气的象数学巨著《皇极经世书》递给了少年蔡元定。

程颢认为邵雍之学的精髓是“加一倍法”，蔡元定就是从“加一倍法”切入《皇极经世书》的：“自一而二，自二而四，自四而八，自八而十六，自十六而三十二，自三十二而六十四……”，天下之物都从太极演变而出。

蔡元定少年时阅读的起点相当高，加上他聪慧，记忆力奇好，他的领悟能力很快就卓然不群了。“人所不能晓者，一过目辄解”，朱熹称赞他说：“人读易书难，季通读难书易。”蔡元定思想成熟后，著《皇极经世指要》一书，此书是《皇极经世书》的一个节本。明永乐年间，奉敕编纂的宋儒理学著作汇编

《性理大全》中的《皇极经世书》用的就是蔡元定的《皇极经世指要》。《性理大全》评价说：朱熹说蔡元定对于《皇极经世书》的推究相当缜密，所以《性理全书》不再记载邵雍的全书，只取蔡元定著的《皇极经世指要》。

《皇极经世指要》一书成为后人了解《皇极经世书》的门径，而蔡元定在研究象数时培养起来的独到视角、超强的计算能力、高超的堪舆水平等，为以后辅翼朱熹、为朱熹理学添砖加瓦奠定了坚实的基础。

从《西铭》起步，到《二程语录》《皇极经世书》，经过对北宋诸子的一番苦读，蔡元定确立了一位大儒的格局。

西至大田炉下
西山
云谷
九折岩
田
岩
水閘

第二章

登彼西山兮，采其薇

父亲去世后，蔡元定登上西山，筑室守丧。此后，他拜朱熹为师，并协助朱熹修筑晦庵草堂。他们之间以悬灯为号，互相消解对方的疑问。

一个人 一座山

绍兴二十二年（1152年）六月，蔡发去世。这一年，蔡元定18岁。

临终的时候，蔡发再次叮嘱蔡元定要专心研究圣贤的学问，多读张载、二程、邵雍这些大儒的书，要溯源孔孟正脉。并取笔手书，以文字的形式嘱咐蔡元定不要追求利益、欲望，不要求取功名，更不要迷恋仕途，以免招来杀身之祸。

蔡元定沿着上箬的水源上溯，寻找风水佳处，在一个叫后历塘的地方找到一块阴宅地，风水殊胜。他将父亲安葬在那儿，筑庐守丧。

绍兴二十三年（1153年），蔡元定决定上墓地南面的一座挺拔的西山读书。母亲詹氏望着目光坚定的儿子，点了点头。

詹氏是大家闺秀，出生于崇安大族人家。詹氏的兄弟——蔡元定的舅舅詹慥是一代才俊。他曾以第一名的优异成绩被选送到京城参加礼部试。很遗憾，詹慥的礼部试很不顺利，他一直没考上进士。后来，詹慥投身宰相张浚的幕下，为张浚出谋划策。一次，詹慥荡舟桐江，登上吊台凭吊严子陵，想到当年严子陵帮助光武帝刘秀起兵、事成后归隐桐江边的富春山著述之事，不由吟道：

光武亲征血战回，举朝谁识渭川才？
熊罴果有周王卜，未必先生恋钓台。

詹慥有强烈的怀才不遇之心、慨然的积极用世之志。詹慥的儿子名唤詹体仁。詹体仁与蔡元定都是朱熹的门人，两人一起参与《资治通鉴纲目》的编写，那是后话。

蔡氏族谱中的西山图

詹氏家族有士人风气，当詹氏看着自己儿子的眼睛时，明显感觉到蔡元定流淌着他父亲那种在天地间体悟道理、在古书中领悟大道的血液。虽然唯一的儿子要到山中忍饥啖荠，要到山中忍受孤独，詹氏是心疼的，但孩子上山，踩着厚重的土地，接近幽远的天空，涵咏圣贤经典，詹氏又怎么会不积极支持？

蔡元定登上西山绝顶，筑起简易的精舍，藏身其间，博览天文、地理、数学、礼乐、兵制等书籍，在寂寞与孤单中，心无旁骛，全心苦读，融会贯通，已然成长为全才式的后生才俊。

蔡元定在西山之顶，独自看着古圣贤的文字，饥饿经常来袭，但他安贫乐道，感觉离圣贤很近，一意学习，春去秋来，季节变换，竟然没有察觉。当夏季的热浪铺天盖地而来，穿过树隙，涌到精舍之前时，蔡元定猛然醒悟——原来春已离去！回到精舍，蔡元定写下一首诗《自咏》：

独抱韦编过客稀，箪瓢不厌屡空时。

幽然自与庖羲近，春去人间总不知。

孔子说：“三年之丧，天下之通丧也。”按古代礼制，要为父母守丧3年，实际上，只是27个月。绍兴二十四年（1154年）九月，蔡元定守丧期满，这年，他20岁了。他走下西山，离开了上箬。上箬的蔡发墓那一片地方，后来被称为蔡家源。

下山后，詹氏不想让儿子一个人过日子，于是开始为他物色妻子。詹氏是崇安人，她很自然地视线转向崇安。候选人很快选出来了：江家的闺女。

相比詹家，江家更是崇安县的名门望族。

江贽、江灏、江滋、江点、江默、江埙、江德修都是一时才俊之士。

只说江贽。江贽，字叔圭，号少微先生，北宋著名学者。江贽不求高官厚禄，一心一意居于武夷山精研理学，在武夷山五曲之滨，建少微书院，讲学著述。北宋政和五年（1115年），钦差苏德与受命礼聘江贽到朝廷任官，江贽连续三次推辞不去。钦差下令让县令陈难为江贽在云窝建造精舍，以江贽的字“叔圭”为匾额。

江家是儒学传家、是积善之家，有许多隐德。詹氏为儿子蔡元定物色的江家女子姓江名世珍，生于绍兴十年（1140年）的正月十五。蔡元定没有违背母命，娶了江世珍。江世珍嫁给蔡元定后，一生伴随，是贤妻良母，后来，长子蔡渊在《江氏墓志铭》中饱含深情地写道：“夫人仁厚、端庄、贤淑，侍奉婆婆孝顺谨慎，直到婆婆终老，始终都能和颜悦色。对待自己相当严整，即便事情烦琐也从不倦怠。夫人和先君相敬如宾，夫人辛勤而艰苦，家中变故，世道艰难，常人不能忍受，而夫人却能够怡然处之。”

悬灯相望

西山对面有一座山峰，叫庐峰。

乾道二年（1166年），蔡元定前往崇安县五夫里拜朱熹为师。

乾道五年（1169年）九月，朱熹的母亲去世，第二年正月，朱熹葬母于崇泰里马伏的天湖之阳。他在守丧期间，喜欢庐峰的幽雅。庐峰的山间有一片谷地，云遮雾绕。朱熹取名云谷。蔡元定协助老师在云谷山建晦庵草堂。

蔡元定一边建晦庵草堂，一边将曾经隐居的西山精舍重新修复。晦庵草堂修好时，西山上的精舍也扩建结束。西山精舍还专门建有一间屋堂——疑难堂。

在西山精舍的建设进入尾声时，朝廷下旨征召起用蔡元定。蔡元定没参加科考，但他的名声随着朱熹弟子入朝为官而渐为天下士人所熟知，引起了朝廷的注意，于是朝廷下旨征召。蔡元定想到父亲"不干利禄"的教诲，坚决声称自己有病而不接受征召。疑难堂一建好，蔡元定就登上西山，不问世间的滚滚红尘了。

朱熹很欣赏蔡元定的隐居苦读和清修精进，他写信给蔡元定说：归风引领，似已闻《采薇歌》。确实，蔡元定引领的不仕归隐的风气，让人仿佛听到了伯夷与叔齐唱的《采薇歌》。

云谷山的晦庵草堂与西山的疑难堂遥遥相对。两山山势高耸，可以两两相望。晦庵草堂与疑难堂的门前都建有一座高台，台上有灯杆，灯杆上悬挂着灯盏，让人联想到茫茫海面的灯塔。夜间，两处灯杆上的灯盏就是信号，他们不需要信使就能互通信息。暗夜茫茫，如果看到对面山中的灯光闪耀，则表明他们心中豁然；如果夜间蔡元定的那盏灯是暗的，则表示蔡元定心中有疑；如果夜间朱熹的那盏灯是暗的，则表明朱熹需要与蔡元定讨论。灯暗的第二天，蔡元定就下西山，穿田塍，过沟壑，登云谷，去拜见老师。两人一见面，往往就是数日间辩论难，对床讲道，通宵达旦。

这真是学术史上的一段佳话。如果说程门立雪是尊师重道的

朱蔡二人对榻论道图

典范，那悬灯相望就是师友知交的范例了。后来，宋理宗敕建西山精舍时，特赐绘制蔡元定与朱熹对坐讲道的神像，以留世人崇祀。朱熹说蔡元定“造化微妙，惟深于理者识之，吾与季通言未尝厌也”。

在西山上，蔡元定翻开一本书，读到一句话：

天发杀机，移星易宿；地发杀机，龙蛇起陆；人发杀机，天地反复；天人合发，万化定基。

意思是：天发杀机，天上的星宿都要变位；地发杀机，海底的生物也会感应而逃向大陆；人发杀机，连天地都会反复无常。人心不定，比天地不定还可怕啊！

这本书是《阴符经》。《阴符经》有300多字，几乎都是这类句子。

蔡元定看过许多奇书，注过许多奇书，写过许多奇书。《阴符经》是一部道家奇书，这次在西山之上，蔡元定以专注的姿态，决定为《阴符经》注释出《阴符经解》。

《阴符经》全称《黄帝阴符经》或《轩辕黄帝阴符经》，也称《黄帝天机经》。蔡元定在《阴符经序》中说，《阴符经》的身世很迷离，据传是唐朝著名道士李筌在嵩山少室虎口岩石室中获得的，是寇谦秘密地藏到那座石室中去的，经书出自黄帝时代。邵雍以为出自战国时代。程颐认为不是出自商代的末期就是出自周代的末期。时代久远，不能够详细推知。如果根据文字气象来推断，《阴符经》一定不是古书，然而，不是深深领悟道法的人也无法写出如此的文字。《阴符经》的作者深谙道法，《阴符经》的思想核心与尧舜的“道心唯微唯精唯一”，与禹汤的“有典、有则、制事、制心”，与文王和武王的“无声、无臭、皇建有极”，与孔子的“天何言哉”，与孟子的“天之所以与我”，与子思的“喜怒哀乐之未发谓之中”，与周子的“光风霁月庭草交翠”，与程子的“冲漠无朕万象森然”，都不一样。

《阴符经》太难解，这本书到底想传达什么呢？没有定论，蔡元定也是一家之言。

在道教史上，《阴符经》常与老子的《道德经》和庄子的《南华真经》并列。虽然此经古奥难解，但历代文士都因为它有着深奥的道理而颇为重视它，注本也是相当浩繁，见解各人不同。《通志》著录它的注本达39种，《正统道藏》所收的注本不下20余种。

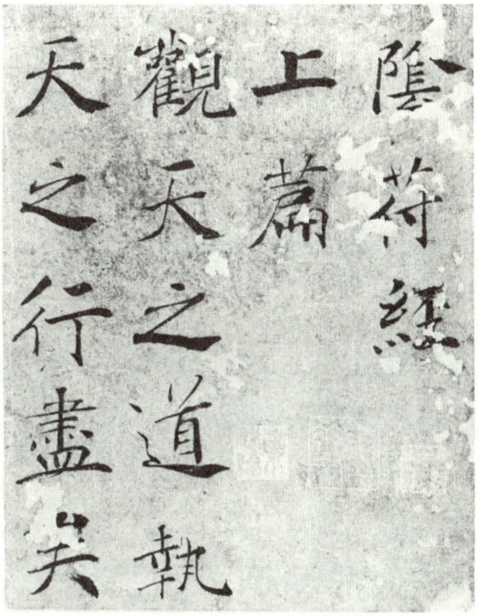

褚遂良书《阴符经》

面对纷繁的注解，蔡元定从容不迫，也注出一部《阴符经解》。

真隐士

淳熙十五年（1188年），蔡元定的学识和德行，特别是他对

声律、历法的推测与计算已引起朝廷的注意。太常少卿尤袤推荐蔡元定，他在《太常卿荐章》中对蔡元定褒扬有加，说蔡元定“才德必有大过于人者”，又说“其学识非人所能及”：

> 窃见建阳布衣蔡元定，资禀颖异，克养完粹，守份安贫，有经世济物之才，有制礼作乐之具。早从朱熹学，熹尊为老友，则其才德必有大过人者。隐贲西山，户履常满，则其学识非人所能及者。诚圣世之真儒，后学之师表也。……陛下若起元定而用之，使与朱熹同侍经筵，必能光昭圣德，为国家立万世无疆之业。

时任秘书监的杨万里在《秘书监荐章》中也一样极力推崇蔡元定：

> 建阳处士蔡元定，性质豪迈，器识宏深。道德文章足以仪刑于当时，著书立言足以垂范于后世。今之贤士大夫皆仰其道德之光，成人小子俱蒙其造化之力。尝与朱熹释“六经”语《孟》《学》《庸》之书，每有洞明自得之妙，又且深通兵法，精晓律历。有益于当世之实用也，殆非时贤之所及也。诚当代之逸民，圣世之豪杰。

杨万里与尤袤一样，用了“仪刑当时、垂范后世、当代逸民、圣世豪杰”等词，如果不是非常佩服蔡元定的才华，他是不会选择这些词语的。

对于高官厚禄，蔡元定不想要。

西山高耸，蓝天白云，湖水澄澈，竹影摇曳，那是蔡元定灵魂的皈依之处。

蔡元定的一生，始终拒绝出仕，他是真隐士，他谨守父训，不干利禄，异常决绝。

绍熙五年（1194年）二月，朱熹前往潭州赴任后，蔡元定一转身就登上西山，又开始了隐居著书的时光。

七月，太子赵扩登上皇位，即为宁宗。宁宗因赵汝愚的拥立而登基。后来，赵汝愚被任命为右丞相。八月，宁宗因为赵汝愚的推荐而诏命朱熹为焕章阁待制兼侍讲。朱熹从潭州东归，抵达信州的时候，写信给蔡元定，希望他随自己一同前往朝廷，经时济世。其他的事情，蔡元定听老师的，但这事，蔡元定没有听老师的话，他回了一封信：

恭惟先生惠履吉庆，间世无双……今者文旌归速，是必有相抵牾者。颙望自爱，以膺重任，使天下咸仰清光被厚泽，定至愿也。

蔡元定在回信中，用了严光和张楷的典故。

严光就是严子陵。严光与东汉光武帝刘秀是同学，也是好朋友。刘秀起兵时，严光尽力协助。刘秀即位后，严光无意功名，隐居富春山。刘秀多次延聘他，他都拒绝了。张楷是东汉成都人，著名学者，研习古文《尚书》，又喜欢道术，能制造出弥漫五里的雾气。张楷家境贫寒，常乘驴车到县里卖药。举茂才，被任命为长陵令，却不赴任；被五府联合征辟为贤良方正，也不赴任。

蔡元定用严光和张楷的典故表明心迹——他只想永远当一位处士。

然而，丞相赵汝愚还是希望蔡元定出山。

赵汝愚的《荐蔡元定奏折》写道：

盖闻人君之总治，莫大于任贤才。人臣之辅治，莫先于扬侧陋。贤才乃国家利器，木遇利器，盘根错节迎刃而解。君遇贤才，万机繁剧随剖而理。故古之圣主，必待贤才而弘功业。俊杰亦俟明主以显其德。所谓上下交相与而德业以成者也。臣叨揆席，莫罄涓埃之报；顾兹重任，宜资经济之才。窃见建阳布衣蔡元定，学问克足，承孔孟正脉；才堪经济，得朱熹之心传。今则隐居山林，不干利禄，是亦可谓高尚其志者矣。伏望圣明礼札下郡，迎至阙下，处以重任，必能倡率群士，俾至恩广被于君生，感发士类，使至德悉泽于下土，以称陛下委任贤才之盛心。臣谨具奏闻，不胜战栗，俟命之至。

这年十月，朝廷君臣正在考虑孝宗陵寝的选址问题，朱熹上《孝宗山陵议状》，反对将孝宗安葬在绍兴，认为绍兴陵墓“土肉浅薄，掘深五尺，下有水石”，并说“近年地理之学，出于江西、福建者为尤盛，政使未必皆精，然亦岂无一人粗知梗概大略乎？稳优于一二台史者”。他的意思是让朝廷到江西、福建选拔堪舆人才为孝宗择陵寝之地。后来，大部分研究者都认为，朱熹的议状实际上是暗中推荐蔡元定。

蔡元定虽然精于堪舆，但终究没有介入孝宗陵寝的选址过程。

不知蔡元定是不是真有推测休咎的能力，朱熹在朝中担任侍讲仅40多天即被罢免。

蔡元定站在西山之巅，看了看远天，转身回到西斋，写下一首《西斋自咏》：

数椽茅屋环流水，布被藜羹保暖余。
不向利中生计较，肯于名上着功夫。
窗前野马闲来往，天霁浮云自卷舒。
穷达始知皆是命，不妨随分老樵渔。

蔡元定说：“穷达始知皆是命。”在某一时刻，他看得比朱熹还透。

朱熹在朝廷仅待了40多天，回到了建阳。蔡元定从西山下来了，他协助朱熹修建竹林精舍。后来，竹林精舍更名沧州精舍。朱熹写下“永弃人间事，吾道付沧洲”的诗句，这不正与蔡元定的“不妨随分老樵渔”的心思一致吗?

第三章

九垓之游

蔡元定拜朱熹为师后，朱熹把他看作朋友而非弟子。师生二人时常对坐论道，或游山玩水。这段时间是朱熹理学体系形成的重要时期。

英雄所见略同

蔡元定拜朱熹为师是在乾道二年（1166年）。

此时的朱熹，学问渊博，声名远播，四方学者慕名前来求学问道。麻沙离武夷山的五夫里不算远。蔡元定略作收拾，就直奔武夷山而去。

朱熹见了蔡元定，一番交流过后，不由大惊，说："你是我的老朋友，不当在弟子之列。"

林用中、何镐、范念德也先后来到五夫里。这段时间，朱熹正开始走他集大成的第一步。师生几人，一起将周敦颐、程颢、程颐、邵雍、张载的书全摆在案头。

这五人被称为北宋五子。

朱熹的集大成的体系排除了邵雍。他对门人说：邵雍是另类的圣人，很像老子；邵雍极口称赞子房（汉初三杰之一的张良），其实，他就和张子房相似。邵雍虽高妙，但他的儒学偏道家、偏术数，有失儒学的纯正。于是，北宋五子在朱熹的眼中成了北宋四子。

朱熹把北宋四子的周敦颐排在首位。最初，他读周敦颐的《通书》，一片茫然，不了解周敦颐要说什么，连句读都困难，但往后越来越觉得他的道理精深，也渐渐明白了一理、二气、五行。朱熹是以周敦颐的理念开始构建世界本源的。

四子之一的张载的教育方式非常特别，让人晚上不要睡觉，不要待人接物。张载认为，别人都酣睡之时，正是默坐体认的时候，也正是最洞明通晓的时候。张载比程颢大12岁，是二程的表叔。但张载佩服表侄的学问，反而向表侄求学。

朱熹以为，二程学识广博，见解精辟，超凡入圣，以“尧舜几千年，其心至今在”自勉，二程是直通孔孟正脉的。

蔡元定自幼苦悟《西铭》的道理，又通读张载的《正蒙》，研读《二程语录》，蔡发给蔡元定指出的孔孟正脉与朱熹认同的孔孟正脉竟然不谋而合。在儒学修习上，真可谓英雄所见略同。朱熹与蔡元定有了太多的共同语言，朱熹叩问蔡元定所学的知识，蔡元定侃侃而答，与腐儒全然不同。朱熹与蔡元定对榻讨论各种儒家经典的奥义，往往一谈就到半夜。

虽然朱熹与蔡元定此时只是最初的相交，但他对蔡元定已是非常满意。那时，正好许顺之来信，朱熹在《答许顺之》的回信中表达了自己的喜悦之情。他说：山间也有一两个学者前来跟从学习，但是，非常难得有资质优秀的。只是，最近得到一个人才，很让人高兴，此人也十分醇厚，很值得期待啊。

朱熹目光如炬，善于发现人才，而蔡元定也确实是个人才。他通晓儒家经典、礼乐制度。对于古代文本中的奇辞奥义，人们难以解读，蔡元定往往看一遍就能明白其中的意思。朱熹感叹蔡元定太聪明，“人读易书难，季通读难书易”，又很欣慰地说：“造化微妙，惟深于理者能识之，吾与季通言而不厌也。”知晓造化微妙，又能与朱熹对谈，并且还能让他在交谈中意犹未尽，也许只有蔡元定了吧！

蔡元定游学于朱熹后，对于四面八方前来求学的学者，朱熹都会先让蔡元定质询、就正。

论辩中求正解

乾道四年（1168年），朱熹与以张栻为代表的湖湘学派展开一场文化辩论，蔡元定、林用中都参与了这场辩论。

辩论的话题是“观过知仁”。

“观过知仁”一语出自《论语·里仁》：

子曰：“人之过也，各于其党。观过，斯知仁矣。”

孔子的这句话，只有区区15个字，却不好理解，怎么理解才是正解？

苏轼曾经说：“观过知仁”的理解，从汉朝的孔安国解读之后，其他注解的人都没有把握这句话的本意。苏轼之后，许多学者又不断解读“观过知仁”，却仍然是一片纷争。纷争不断的学界主要围绕的是“党”“过”“仁”三字，还有一个是“观过”的对象——是观自己的“过”还是他人的“过”？

关于“党”的注释。一、孔安国认为“党”就是“类”的意思。后来的赵岐、皇侃、胡炳文、高拱、张居正、戴望等人都认同孔安国的解说。二、孙奕、黄宗羲等认为党是“偏”的意思。三、魏征在《群书治要》中把党解释成“族亲”。四、解释为“人心偏私处”。宋人钱时的《四书管见》主张这一说法。

关于“过”的注释。一、过失。皇侃《论语义疏》、赵顺孙《四书纂疏》、朱熹《论语集注》、杨简《慈湖遗书》、真德秀《大学衍义》等相当多的儒士都解释“过”为过失、差失。二、过于。陈植《木钟集》、陈祥道《论语详解》、张栻

《癸巳论语解》等儒士持这一观点。较第一种解释，“过于”的解释并不流行。

关于“仁”的解读：一、当作“人”解。宋代学者陈善认为学者误读此句，全在于把“仁”字曲解了，“仁”其实是“人”字。其他如陈耀文《经典稽疑》、廖平《礼记识》等都赞同这一观点。二、心之德。高拱、王夫之等人主张这一观点。三、慈爱、仁爱。主张这一观点的有程颐、尹焞等人。

“观过”到底是观谁的过？一、他人之过。皇侃《论语义疏》、真德秀《大学衍义》、陈天祥《四书辨疑》、萧镒《四书待问》、许谦《读论语业说》等主张此说。二、自己之过。孙奕《示儿编》等认同这一看法。三、既指自己也指他人；既指君子，也指小人。程颐《二程语录》、吕大临《论语解》、尹焞《论语解》、胡炳文《四书通》、刘宗周《论语学案》都主张这一观点。

朱熹综合前人看法，对“观过知仁”形成了自己的见解。他说：“党，类也，偏也。”他认为“类”和“偏”两种意思都适合“党”的解释。他在《论语集注》中把“过”字解释为“犯错误”。对于“仁”，他认为是慈爱、仁爱。至于“观过”的对象，他认为“似非专指一人而言，乃是通论人之所以有过”。这与程颐的见解一致，“观过”既可以是自己“观”，也可指他人“观”。在他看来，“观过知仁”的意思就是从一个人的犯错误之处去认识一个人，看这个人的过错是出于厚道还是出于刻薄，如果是因为厚道而犯错，就算犯错也属于“仁”，如果是由于“刻薄”而犯错便是不仁。这就是他

对“观过知仁”的基本理解。

湖湘学派主张“过”是“已过”，而朱熹则认为，如果“过”是“已过”，则“必待过错形成之后方可观”，等到犯了错误再回望自己的错误，为时已晚，而且会使人处在悔恨之中，反而成为心害，这不符合儒家一贯强调的养心之道。他最后否定了胡氏的“观过知仁”的理论。

朱熹不断写信和蔡元定讨论，他说：“‘观过’以‘观’字为重，盖观处用力，则天理人欲宾主分明，而仁体在我者益昭矣，若但知之而已，则恐未必端的实见也……”

蔡元定回信提醒说：“若执观太重，则专有心观过，无复操存涵养之功。”意思是，如果过于执着察看犯错误的性质，反而缺乏执持心志的努力，由此将缺乏道德、学问方面的修养功夫。

朱熹也不断地思考，他曾在给蔡元定的信中说：“观过说犹未安，前日二生所写告为收毁，仍别加思索”，请蔡元定销毁他前段时间撰写的“观过知仁”文字，认为自己的思考还不足，有待进一步完善。

“观过知仁”是一个道德层面的问题，体现儒家学者不排斥、不反对犯错误，肯定犯错是人之常情，不过，孔子并不是鼓励人们去犯错然后知仁，而是要让人们充分认识到犯错是不可避免之事，只是我们的初衷不能有损于道德。人们犯错误有程度、层次的差异，通过识别判断其所犯的错误，就可以推知他是否属于“仁”。这恰恰是一些现代人所缺乏的对待错误的态度。他们对错误往往不加区分，同等视之，这样，反而会断绝有意“迁善改过”之人的希望。

学者们对于“观过知仁”具体字义理解的不同，导致诠释的差异，这种分歧到了朱熹与湖湘学派依然不能消融时，他们就以激辩的形式将这一分歧推向了顶峰。蔡元定参与了这场经年累月的辩论，虽然朱熹与湖湘学派都不能让对方折服，但他们的论辩却使“观过知仁”的问题在各种可能的方向上得到全面阐释，为后世学者成就修养功夫奠定了理论基础。

乾道五年（1169年）春天，朱熹与蔡元定讨论另一个大命题——“中和”。“中和”的命题来自《中庸》：

> 喜怒哀乐之未发，谓之中；发而皆中节，谓之和。中也者，天下之大本也；和也者，天下之达道也。致中和，天地位焉，万物育焉。

意思是，喜怒哀乐没有表现出来的时候，叫作“中”；表现出来以后符合节度，叫作“和”。“中”是天下稳定的根本；“和”是为人处事的原则，达到“中和”的境界，天地便各在其位，万物便生长繁育。

朱熹还在跟从李侗学习的时候，就聆听李侗对“喜怒哀乐之未发”的释义，他还没有理解透彻，李侗去世了。后来，他听说张栻从胡安国那里学得许多儒家至理，于是前往叩问求解，张栻将所学一一对他解说，他依然不能省悟，以至于废寝忘食地琢磨“中和”的道理。一天，朱熹喟然长叹，感慨道，人从婴儿开始直到老死，虽然有说话、沉默、活动、安静等等喜怒哀乐的不同，然而，大体都不是“已发”，由此反推《中庸》的“未发”，其实是“未尝发”。

蔡元定不这么认为，他认为“喜怒哀乐未发”不是“未尝发”，而是需要涵养的功夫，就像程颐说的“敬而无失”，只有涵养功夫达到“敬而无失”的境界，才能够“未发”，才能够达到“中和”之境。

蔡元定像

朱熹疑惑了这么久，听蔡元定这么一说，不由开始怀疑自己先前的“未发”理论，于是，又取了程氏兄弟的书本，平心静气慢慢地读，突然，多年内心的疑问顿时冰释。

这时候，朱熹建立起了他的中和之说。由于他的中和之说有个发展阶段，此时建立的中和之说在后来被称为“旧中和之说”。

中和思想是朱熹整个哲学思想的关键，在探讨此问题的过程中，他建立了“心统性情”的心性论思想。朱熹理学思想是建立在他的心性论——即心、性、情三者关系基础上的。因此，中和思想就成了朱熹理学思想的基础。蔡元定为老师提供了理论上的支持。

振翼游九天

乾道五年（1169年）七月，蔡元定来到五夫里时，朱熹正好将周敦颐的《太极图说》和《通书》重新整理合并刊刻为《太极通书》。朱熹将太极图放置到了全书的篇首。周敦颐是朱熹道统体系中的重要一环。虽然只是调整一个太极图，但意味着他的理学体系已具雏形，太极图已被明确地确定为他的哲学思想基点。

朱熹兴奋地对蔡元定谈起此事，毕竟理学的整个构架确立了。然而，理学却一直被排斥在朝廷的主流之外，朱熹向蔡元定表达了深深的忧虑：道学根本不被看好！

恰在此时，朝廷札子下到建宁府，要待阙的朱熹前去上任——任枢密院编修官，“道不行，乘桴浮于海”，朱熹立即推辞；再召朱熹，他请求差遣岳庙的闲职；朱熹第三次接到催促他赴任的札子，依然马上辞却。正在京城任职的他的朋友魏掞之对他说，朱熹三辞赴任之事，引得丞相陈俊卿非常生气。

朱熹却因为大道不行、道学受阻更生气。

此时，蔡元定带着家眷来到五夫里。

放下所有的不快，两位朋友带着家眷，趁着清晨的雾色，一同沿潭溪而上，去仙洲山吹风听水。

仙洲山麓建有密庵，密庵是道谦禅师修行居住的地方。朱熹有好长一段时间向道谦学禅。去仙洲山登山赏玩，先要经过密庵。朱熹常与蔡元定谈起，道谦禅师在密庵的墙壁上，悬挂着丞相张浚写的“自信”。道谦是个很特别的禅师。朱熹曾问道谦如何修禅，道谦说：一天十二个时辰，有事的时候随事应变，没事的时候就回头一心一意琢磨“狗子还有佛性也无”这句话。

蔡元定对禅没什么兴趣，朱熹也早已逃禅归儒。如今，道谦禅师圆寂多年，密庵很寂静。蔡元定来的时候，他们一路玩赏，先抵密庵，而后又顺着水流深处渐渐行至清湍亭。清湍亭侧的涧流平缓，水声叮当。从清湍亭再往水流源头处攀登，便是昼寒亭。

朱熹和蔡元定豪气冲天，抛下密庵和清湍亭，直接登上昼寒亭。他们特别喜欢昼寒亭，因为亭“高”昼“寒”。每次到昼寒亭，都是蔡元定写诗，朱熹唱和：

《次季通昼寒亭韵二首》

其一

不信高怀与世殊，清游试问与谁俱。
相将静听潺湲水，洗涤尘襟肯自污？

其二

山行前后有光辉，扑扑浮岚翠染衣。
直到仙洲奇绝处，昼寒亭下白龙飞。

昼寒亭在“仙洲奇绝处”，是仙洲山上那些亭子中最高的一座，“昼寒亭下白龙飞”，又可见此亭建在瀑布之上，朱熹称为“危亭”。在另一首《次季通昼寒韵》中，朱熹写诗，境界高远，仿佛是与蔡元定的约定：

万壑争流处，千年树石幽。
危亭因我作，胜日为君留。
酒笑红裙醉，诗惭杂佩酬。
尚嫌心境窄，更约九垓游。

朱熹和蔡元定携了仆人家眷来消暑，诗中便有“酒笑红裙醉，诗惭杂佩酬”。苏东坡有“老来厌逐红裙醉”的诗句，而朱熹却说“酒笑红裙醉”，这分明是指自己和蔡元定这些朋友还年轻，还可以享受美人醇酒，还可以奋发向上。诗末，朱熹的“尚嫌心境窄，更约九垓游”，更是与蔡元定以诗为约——开拓心胸，遨游九垓。

此时羽翼渐丰的两位朋友，将振起羽翼，遨游于宋代的文化的九天。

高明道觀

第四章

寒泉与云谷

在朱熹为母亲守丧期间，蔡元定协助他修筑了寒泉精舍与晦庵草堂，并始终追随老师著书立说。

寒泉论道

乾道五年（1169年）九月，一个信札递到了麻沙显庆堂里的蔡元定手中。蔡元定一看，是朱熹的母亲祝夫人病故的消息，朱熹写信来让蔡元定为母亲寻找葬地。他急忙收拾一番，赶往五夫里。

蔡元定理解老师的悲痛之情。朱熹的父亲朱松举家8人入闽，至朱熹母亲去世，8人已无一人在世。孟子说：“养生丧死无憾，王道之始也。”寻找一块平稳之地安葬母亲，也是儒家之道的一种体现。

朱熹母亲祝夫人曾首肯蔡元定的堪舆水平。元代著名经学家吴澄在《又跋朱子墨迹》中说：“朱子葬母祝令人之地，得自西山，盖其家母每欲得葬地，则必友之西山。”

终于，在霜寒清冷的一天，他们找到一处风水佳处：建阳太平山下、天湖之阳一处叫寒泉坞的地方。离此地不远是刘氏西族居住的马伏村。朱熹的学生、蔡元定的同学刘爚正闲居于此。朱熹让刘爚筹划买墓地的事，又托蔡元定去谈。

乾道六年（1170年）春正月，葬地谈妥，朱熹倾囊而出，购得葬地后，安葬了母亲。他又在墓侧建起寒泉精舍，在精舍读书著述。

麻沙距离寒泉精舍30公里，比距离五夫里近了很多。蔡元定与老师的论道机会更多了。

暮春渐去，初夏的阳光下，一个身影走进寒泉精舍。来者名唤李宗思（字伯谏），建安人。李宗思与建安的袁枢同为隆兴元年（1163年）进士。李宗思喜欢谈禅，不喜儒学。朱熹与他几番论辩诘难下来，感觉此人资质颇高，便有了想法。朱熹迅速让人带信给麻沙的蔡元定，让他马上到寒泉精舍来。因为他想改变李宗思的心志，将他引入儒学中来，他在信中说：“其所论极不争多，孤城悉拔，合军并力，一鼓可克也！”

朱熹决定和蔡元定以攻城略地的方式为儒学争取一个人才。

“战斗”开始，话语的刀锋充满凌厉之势。朱熹、蔡元定和李宗思论辩儒、佛的不同。朱熹先抡刀重击，问李宗思：“天命之谓性”这话是实还是虚？蔡元定则弓弩齐发，譬喻连连。李宗思毫无招架之力，终于缴械投降，弃禅归儒。朱熹非常高兴地说儒家又得到了一个人才。

关于儒释的差异、鬼神的不同，朱熹与蔡元定也专门讨论过。

蔡元定对朱熹说：树立教化要把“心性”和“天道”摆在首位，作为根本；有了根本，人心就有正知正见，就不会被歪理邪说改变。遗憾的是，世道衰微，学者舍本逐末，各种邪说层出不穷。因为学者不知道事理的本源，很容易被异端邪说迷惑。如果不断地用功致力，及时地复习推究，不陷于佛老的理论中去，就可以渐渐抵达圣贤的境界。

朱熹深以为然，在排佛归儒上，蔡元定与老师的观点一致。

对于鬼神的看法，蔡元定与老师就不一致了。

古人普遍相信鬼神。《论语》说，“子不语怪力乱神”，说孔子不谈论怪异、勇力、叛乱、鬼神之事。其实，孔子也承认鬼神之事，只是他看重经时济世的努力，回避谈论玄乎的鬼神。“未知生，焉知死”，儒家的传统是致力于生前的努力。到了宋代，儒学大家面对着佛学的冲击，必须在哲学的层面解释生死，于是，鬼神的话题已经不可回避。

佛教有一套完整的生死系统，建立起的“六道轮回”“因果冤业”理论被百姓与士大夫阶层普遍接受。前世作恶，今生受苦；今生行善，往生净土。佛教更多强调接受现状，在积极用世的士大夫看来，佛教是麻醉剂，让人消极。

蔡元定与朱熹是排斥佛教学说的，因此，必须构建起儒家的生死、鬼神学说。他们抛开前世今生，用“气”来解释鬼神。这种解释与佛教的解释相比，更倾向于自然科学。

蔡元定和朱熹从《易经·系辞上》中的一句话找到了儒家解读“鬼神”的基石：“精气为物，游魂为变，是故知鬼神之情状。”

从这块基石上，他们构建起了自己的“鬼神论”。

蔡元定解释说：“精气为物者，气聚而为人也；游魂为变者，气散而为鬼神也。”他认为，“精气为物”的意思是生气聚集就形成了人；“游魂为变”的意思是生气消散后就成为鬼神。还有一种状态——生气没有完全消散的时候。蔡元定以为，这种时候，隐约的人形还会存在。他举例说：有人去山间猎杀老虎，看见老虎身后有几个人影跟随着走，那些是被虎咬死的人。因为他们的生气还没有消散，所以结成人影的形状。

朱熹却有着另一番解读，他说：“精气聚而为物，何物而无鬼神？”蔡元定的眼光只锁定“人”与“鬼神”。朱熹的鬼神范畴远远比蔡元定的广，他说：万物都是天地精气聚集而成的，那么万物都可以变为鬼神。只要某一物被赋予生气，都可能转化成鬼神，而不仅仅是人。而且，如果人禀受的不是“人气”，可能会不像人。他曾见过一个“胸前有猪毛，睡时作猪鸣”的人，于是说这个人“禀得猪气”。

蔡元定与朱熹都以“气”来解释鬼神，虽然观点略有不同，却是和而不同、求同存异。在对性、心、身、物、鬼、神的哲学命题探讨中，他们对世界逐渐形成一个系统而全面的认识。

协修百代国史

有了蔡元定的尽心配合，又与他一起将李宗思吸收到儒学中来，朱熹觉得他要实现一个伟大梦想的条件已经成熟，他决定倚靠这两位得力干将，编纂一部百代国史——《资治通鉴》的节略本。

朱熹阅读司马光的《资治通鉴》和胡安国《举要补遗》等书后，感觉这些史书规模宏大，沉甸甸的大部头，学者难以通读，难以识记，难以理清脉络，他想对《资治通鉴》进行节略调整，让年岁久远或近代的史实、国家统一和分离的事件能够贯通明白，让人了如指掌。编纂出这样一部《资治通鉴》的节略本，就可以化繁为简，便于携带，方便检阅。

蔡元定明白，老师不仅仅只是出于方便检索的目的，而是大有深意。孔子修了一部《春秋》。它本来是鲁国的国史，但孔子修《春秋》不是修史，而是要明道统，正人心。所以，“《春秋》成而乱臣贼子惧。”孔子将鲁国的国事上升为天子之事，《春秋》已超越历史文献的范畴，成为政治、哲学的圣典。《春秋》修订后，孔子说过一句话：“知我者，其惟《春秋》乎！罪我者，其惟《春秋》乎！”朱熹要编撰的《资治通鉴》节略本也是一部“知我者”“罪我者”都将引以为据的巨著，但难度远远超过《春秋》。《春秋》记载历史的时间跨度才200多年，《资治通鉴》节略本的跨度是百代千年。

孔子把鲁国国史修成《春秋》；朱熹要把中国通史《资治通鉴》修成《资治通鉴纲目》。

蔡元定看着厚厚的《资治通鉴》，想到了老师说的“更约九垓游”，告诉自己要迎难而上。《资治通鉴》的体系太大，文字太多——300多万字，司马光自己都说：整部著作，就王胜之一人通读过一遍。编撰之前，必须通读全书并编定凡例，仅这一项，工作量就相当大。但编纂这部书不仅仅是史学问题，更寄寓“治世安人”的意图，朱熹要在简化《资治通鉴》内容的基础上，模仿《春秋》笔法，维护道统，修成一部真正记载圣人之心的书，一部考察治世与乱世、阐明善行与恶行、窥见成功与失败的书。蔡元定义无反顾。

朱熹拟定《资治通鉴》节略本的大纲后，蔡元定与李宗思迅速投入工作中去，开始分头拟定凡例。

蔡元定取来《资治通鉴》，一页页翻看，思考，备注，把自己的意见写成纸条，一一贴在书上，以便以后进一步编辑整理。全书通读完毕后，他将贴有纸条的《资治通鉴》寄给朱熹。朱熹迅速观览后，感觉蔡元定的思路细密，觉得好多事需要当面交流。望着窗外浓郁的夜色，朱熹坐到案前写了封信，信中说，他和李宗思都希望蔡元定尽早来寒泉精舍面谈。

蔡元定赶到寒泉精舍，师生经过一番交流，达成一致后，他又返回麻沙。通过讨论，朱熹对凡例的思路逐渐明确，随之给蔡元定去信，将《资治通鉴》节略本的书名正式确定为《资治通鉴纲目》。信中还明确在记载三国的历史时，不按照《资治通鉴》的魏国纪年来编写，要改用蜀汉的纪年。他认为以蜀汉为正统才会安心。

书名确定，大纲明确，在师生的努力下，凡例也已经拟定，可以开始正式编写了。然而，通过前一段时间的交流沟通，蔡元定和朱熹越发感觉到工作量巨大，仅凭3个人的力量难以完成。

一位叫伯起的儒生想加入进来，但朱熹考察他一段时间后，很失望，说他的状态是“悠悠”。与蔡元定同住麻沙的游九言也来拜访朱熹，他对南北朝的历史很熟。朱熹想委托他编写南北朝的内容。最后，伯起靠不住，游九言也没时间。朱熹又委托蔡元定的表兄弟詹体仁接手了这部分任务。

编写组齐全后，《资治通鉴纲目》的编写分工也随之展开：朱熹自己撰写晋代与唐代的部分；李宗思分写东汉末至三国；詹体仁分撰五代至宋代；其余都由蔡元定撰写，从周朝至东汉末年。

蔡元定要完成西周、春秋、战国、西汉、东汉，任务最艰巨。

工程浩大，疑问很多，朱熹不一定能想得周全，蔡元定也有疑问。蔡元定的写作任务在艰难进行中的时候，朱熹交代说，如果编纂时有疑问，不论什么问题，不论问题大小，都应记录下来，以便到时讨论解决。

在一步一步有条不紊的推进中，在几位大儒的努力下，《资治通鉴纲目》的草稿终于出来了。那天，朱熹一到寒泉精舍，马上写信给蔡元定，希望蔡元定一起来，一起相聚十天半月，一有时间，就着手《资治通鉴纲目》的修订工作。

《资治通鉴纲目》耗费了朱熹太多精力，为了修百代国史的《资治通鉴纲目》，他根本没有闲暇的时间。其实，蔡元定又何尝不是如此？

修订之后的《资治通鉴纲目》最终摆上了朱熹的案头。淳熙二年（1175年）初秋，全书修订告一段落。朱熹非常兴奋，对好朋友吕祖谦说，纲目的草稿基本成形，等校正誊写清楚后，就休息几个月，往后，只要小调整就行，不至于太费心了。

但朱熹回顾全书时又感觉纲目存在大问题。此后，他一直忙碌，无心无力再对纲目进行大动作。朱熹非常惋惜地对蔡元定说，纲目竟无心力整顿了，恐怕它会成为一座废井！又对门人说，如果确实不能成书，就焚毁它！

这部宏大的巨著，朱熹生前没有最终定稿。他去世前，看着自己构建的这座史学大厦可能成为烂尾楼，他不死心，于是将纲目寄给赵师渊，希望他能整理，续成一本书。赵师渊义不容辞地接过老师的接力棒，全面整理《资治通鉴纲目》。在朱熹去世后10年，赵师渊整理出《资治通鉴纲目》。朱熹的门人李方子参与修订并刻印成书。

就在蔡元定和朱熹编纂《资治通鉴纲目》时，建瓯的袁枢也在编纂，也以《资治通鉴》为底本。袁枢脱稿后，给朱熹寄了一部摹本来。袁枢的《通鉴纪事本末》抛开《春秋》的编年体、《史记》的纪传体、《国语》的国别体的体例，以事件为中心记录历史，创建了纪事本末体的体例。朱熹翻阅后，对袁枢的创意很是感叹，为《通鉴纪事本末》写跋。

云谷山的设计师

云谷山上的晦庵草堂是蔡元定协助朱熹修筑的。

蔡元定把整座云谷山设计成一片宜居宜游的园林。

> 云谷在建阳县西北七十里庐山之巅，处地最高，而群峰上蟠，中阜下踞，内宽外密，自为一区。虽当晴昼，白云坌入，则咫尺不可辨。眩忽变化，则又廓然莫知其所如往。乾道庚寅，予始得之。因作草堂其间，榜曰“晦庵”。…… 自予家西南来，犹八十余里，以故他

人绝不能来，而予亦岁不过一再至。独友人蔡季通，家山北二十余里，得数往来其间。自始营葺，迄今有成，皆其力也。

上面的语段出自朱熹的《云谷记》，他说：建阳县西北70多里处，有一座庐山（如今因朱熹而称为云谷山），是附近海拔最高的山，山中有一片内宽外密的区域，云雾缭绕，乾道庚寅（1170年），我得到这片山，在山间建晦庵草堂。晦庵草堂在高山之上，离我家又远，很少人来。我的朋友蔡元定，住在山的北面20多里，所以多次往来山间，云谷山的规划建设，从开始营建到如今小有规模，都是他的贡献。

蔡元定借着一个机缘，在云谷山为老师打造一片净土。此机缘与乾道六年（1170年）初夏的一次游赏有关。那年初夏，朱熹和蔡元定及一干门人借着明丽的阳光，到离寒泉精舍不远的庐峰游玩。

寒泉精舍在太平山麓。太平山连绵而去，与西山、庐峰相接。群山秀丽，挺拔高峻。庐峰对于蔡元定来说，太熟了。他的祖父蔡谅弃官归隐后，自称“首阳居士”，就在庐峰、西山间过着如隐士般的生活。庐峰海拔近千米，是西山、太平山那片连绵青山最高耸的一座。蔡元定和老师来到山麓的安将院，由南向北登山。一条溪涧从山中发源，一路流淌，七八里后，曲折地流到了安将院的东面，渐渐汇成一股不容小觑的激流。茂密树丛掩映之下，涧中巨大的石块错落堆叠，涧水奔腾澎湃，击石穿隙，声震山谷。从凡尘来到此处，瞬间神气萧爽，已觉与人境殊异。朱熹给溪流取名“南涧”。

而后，蔡元定陪老师到了山中的一片谷地，谷口两山夹峙，形成关卡，即为“云关”。入云关，水色依然秀美，又有云遮雾绕，朱熹称“云谷”。庐峰的涧水幽谷给朱熹留下了美好的印象。特别是置身山间那片谷地时，云蒸霞蔚，树木蓊郁，白鹇时鸣。下山后，朱熹写了首《卜居》的诗。蔡元定在一旁看着：

卜居屏山下，俯仰三十秋。

终然村墟近，未惬心期幽。

誓捐三径资，往遂一壑谋。

静有山水欢，而无身世忧。

著书俟来哲，补过希前修。

朱熹说卜居屏山之下30年，然而那里离村落太近，未能满足内心对幽静的向往。他想在山水之间放下尘世纷扰，著书立说，修身养性，继往圣开来哲。既然老师有意在庐峰的云谷建一处归隐的所在，那就为他实现这一愿望吧——朱熹搁笔后，蔡元定的大胆设想也出现了。

要将一片山打造成一个世外桃源，让老师“静有山水欢，而无身世忧”，蔡元定花费了很多时间。他也常和老师一起在山中策划哪儿建池，哪儿建亭，哪儿建台……

乾道八年（1172年）夏，蔡元定和老师一起上云谷。夏天的雨说下就下，而且是大雨倾盆，这场雨，把爬到半山的朱熹和蔡元定淋得浑身湿透。

这一淋，淋出他们的天地之悟来。

被雨浇透了的朱熹想起《西铭》中的“天地之塞吾其体，天地之帅吾其性”两句话。当时蔡元定正站在朱熹边上，正站在天地之间，朱熹就让蔡元定谈谈对这两句的解读，朱熹也谈了自己的理解，后来朱熹认为自己的解说比较到位，由此生发，撰成《西铭解义》。

淳熙二年（1175年）春，蔡元定协助老师修建的云谷山园林已接近尾声，只剩下绿化美化的附属工程。朱熹给蔡元定写去三首诗，说是诗，也是交代。

《云谷合记事目要俳体戏作三诗寄季通》

其一

云关须早筑，基址要坚牢。
栽竹行教密，穿池岸欲高。
乘春移菡萏，带雪觅萧椮。
更向关门外，疏泉斩乱蒿。

其二

堂成今六载，上雨复旁风。
逐急添茆盖，连忙毕土功。
桂林何日秀，兰径几时通。
并筑双台子，东山接水筒。

其三

庄舍宜先立，山楹却渐营。
泉疏药圃润，堰起石池清。
早印荒田契，仍标别户名。
想应频检校，只恐欠方兄。

朱熹交代蔡元定，云关是云谷的关口，门户之地，要冲之地，修筑时基址一定要牢固，要及早修筑好；劈除云关关口的蒿草、芦苇，疏通流泉，关口处要通透明朗；栽竹要密，池岸要高；顺应时令栽花植树，比如借着春光可以种莲，借着冬雪应该种杉。朱熹关心桂树林何时才能葱茏、兰花径何时才能通行。还有，一些向农户购置的田地，朱熹让蔡元定早点把田契订下来，但又担心，怕没那么多钱。

蔡元定不负嘱托，一一照办，春末夏初，园林的建设基本收官。

朱熹登上云谷山进行最后的打理，进入云关，走进草堂，神清气爽，欣喜之情溢于言表，他筹划着：十年之后，儿女的嫁娶应当差不多完毕，那时，自己就了断家事，隐居云谷。朱熹把“晦庵”的题匾悬挂在草堂的门额上，以示不忘先师刘子翚的教诲。朱熹又给自己取了两个号——“晦翁”“云谷老人”。园林景点太多太美：云谷、南涧、瀑布、云关、莲诏、杉径、云庄、泉硖、石池、山楹、药圃、井泉、西寮、晦庵、草庐、云社、桃蹊、竹坞、漆园、茶坂、北涧……

这些，都是蔡元定的汗水啊！

朱熹登上云谷山，住进晦庵草堂，忙着著书立说。至今，云谷山脚的百姓还在流传一个故事。说朱熹在山上用朱砂批书，然后将洗朱砂笔的水倒在草堂外，久而久之，云谷山就有了一脉紫土。如今，在云谷山脚的浑头林一带，确实还看得到这些紫土。

蔡元定尽心协助朱熹修建的以天地为背景的云谷晦庵草堂，朱熹是真心地喜爱，他留下的《云谷记》是他最长的记游之作，他写下的一系列云谷诗作也是深情绵邈。一些弟子不顾山高路远，追随先生上山。淳熙五年（1178年）七月，朱熹和学生廖子晦（廖德明）、刘纯叟（刘尧夫）、方伯休（方士繇）从五夫里的屏山脚下出发，往西逶迤而来，登上云谷山，路上过了一夜才抵山巅，而蔡元定与江德功（江默）也从山北来到山上，一群名士赋诗纪事，以“云卧衣裳冷”分韵。

朱熹当时分得“冷”字：

端英得幽贞，考盘寄兹岭。
未成长往计，抱恨中耿耿。
球风吹廷树，遥野枕席冷。
感彼岁序移，慨此心事永。
明晨发孤兴，趋驾向绝境。

跻攀力虽倦，想象意逾骋。
云山一以眺，俯仰疑倒景。
检校石田收，眷恋茅屋静。
淹留复未遂，外物愧张邴。
珍重同来人，妙语各清整。
击节三叹余，超然得深醒。

朱熹诗中所云“考盘在兹岭”中的“考盘” 其实是《诗经·卫风》中的一首诗。诗中描写一位在山涧结庐独居的隐者，写出了隐者自得其乐的意趣，流露出明显的隐居云谷山的念头。在云谷，他可以安静地读书、著述、体悟。朱熹不喜欢被打扰，然而，对蔡元定却是例外。

有一次，他给蔡元定写了一封信，信中说：在寒泉精舍待了几天，没什么意思，来往的人很多，自己只是接待客人，喝酒吃饭说闲话罢了。如今他回到五夫里，很懒，不想到处跑，只是挂念云谷，想去山上度暑，也不知道能不能动身。如果不能动身，就请蔡元定到五夫里相聚一段时间吧，比起去其他地方招引客人喝酒聊天说事好得多。

朱熹怕人“骚扰”，却盼望蔡元定前来“骚扰”。

乾道六年（1170年）到淳熙五年（1178年），朱熹几乎把时光都留给了寒泉精舍和晦庵草堂。在先人的墓侧，依礼守丧，无饮宴，远声色，脚踩地，头顶天，肃穆地思考生死的命题，恢宏地思考宋王朝的天下，安静地读书著书。这一时期被称为寒泉著述时期。而在寒泉与云谷，蔡元定协助老师建草堂，与老师交流，和同学论辩，始终追随老师左右，不离不弃。

紹興辛巳蔡元定在顯慶堂推衍後世子孫休咎賦云顯慶堂將後世推子孫紹復承吾書四傳學業家還在五世因貪人產除纘俗流風六七代繼興遺跡八九渠數終輪奐猶有代御史尹仁為吹噓厥後子沈集書經傳注盛行於世而孫模杭輩相繼表揚曾孫希仁以貪酷籍没成化丙申巡按御史尹仁入閩夜夢一老人囑求栖身之地叩其姓名曰蔡某也及至建陽訪蔡氏子孫得其所傳家譜閱之見西山推演後世之詩中預有姓名不覺悚然即捐俸為建傳心堂葢其賦毫不爽云湧幢小品

第五章

知天机者

蔡元定受家学影响，成为堪舆、术数方面的奇才。他不但为朱熹的亲人选择墓地，还借助算卦让朱熹避免了一次灾祸。

显庆堂的家族预测

自蔡家入闽，择居麻沙，繁衍到蔡元定，已是10代。

一位大儒，一定会有忠孝之心、家国情怀，他在思考天下、文脉的同时，也一定会思考家族的命运。

麻沙之东，象鼻山下，溪水潺湲。蔡元定将目光上溯至入闽始祖，脑海中闪过一代代先祖，他从历史纵深的角度思考着自己家族的未来走向。

一世蔡炉。入闽始祖。他聪明颖悟，博通经传，遍览诸子书史。乾宁二年（895年）以治理州郡的政绩突出而拔擢为凤翔节度使。后来入闽任建阳长官，处理政事宽厚仁慈，注重农业生产，兴办教育培养人才，深得民心。

二世蔡銮。他于乾宁二年（895年）领乡荐，授建阳县尉。实际上，他到建阳任职的时间比父亲蔡炉入闽的时间还早两年。在王审之兄弟治理福建的时候，蔡氏父子先后以建阳长官和县尉的身份治理建阳，他们是建阳这片土地的拓荒者。

三世蔡梅。他博学强记，手不释卷，口不绝吟，精通六经，胸有雄才大志，却言行谨慎。后唐同光三年（925年），蔡梅因为深明六经、德修行谨而应诏担任邵武军的司户参军。到了乾祐二年（949年），又因统率指挥军队作战立功，升任御前右军都统制，后周显德二年（955年）加封少保。遇明堂大礼的时候，蔡梅的父亲、祖父也一并被加封——赠祖父蔡炉少傅，父亲蔡銮少保。蔡梅可谓光宗耀祖的好儿郎。

四世蔡炀。他是一个把富贵生活过成隐逸清淡生活的隐者，宋真宗征聘他出仕，他自言自语地说："吾岂事王侯云乎哉？"

五世蔡克顺。他遗传了父亲那种不求仕进的基因，虽然他博学强记，待人恭俭，却又禀性清异，志趣高远，节操坚定，无意求取功名。

六世蔡仁。他在咸平元年（998年）领乡荐，次年中进士，大中祥符元年（1008年）出知寿州，天禧二年（1018年）升御史兼直贤院学士。景祐二年（1035年）除参知政事。庆历元年（1041年），特拜枢密使。皇祐元年（1049年）去世，皇帝停止视朝一日，谥文敏。

七世蔡伯充（又写为蔡伯克）。他轻视富贵，乐于贫贱，隐居不仕。他墓碑上题的"有宋五二处士蔡公之墓"便是蔡元定请朱熹题写的笔迹。

第八、九世是蔡元定的祖父蔡谅和父亲蔡发。蔡谅先出仕，后隐居，自号"首阳居士"。蔡发穷究天文地理，终生不仕。

回望自己的家族，蔡元定发现自己的祖先有一些特点：不出仕则已，一出仕就会身居高位；几乎都有强烈的隐逸情怀；在仕隐之间，或兼善天下，或独善其身。

这个家族今后将会如何发展？蔡元定用家学的术数，开始推演后世子孙的休咎：

显庆堂将后世推，子孙绍复承吾书。
四传学业家还在，五世因贪人铲除。
缵俗流风六七代，继兴遗迹八九渠。
数终轮奂犹有代，御史尹仁为吹嘘。

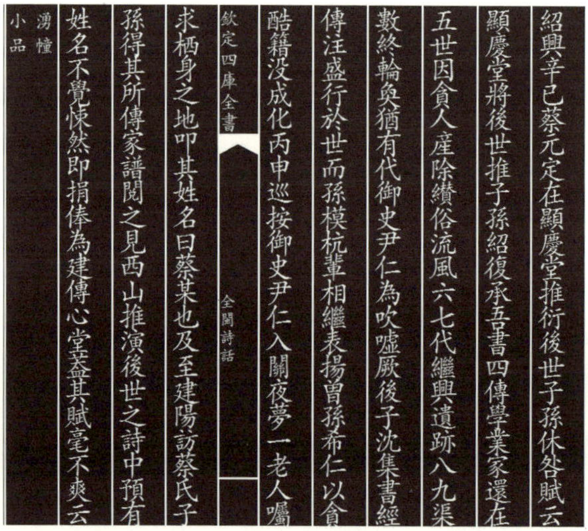
紹興辛巳蔡元定在顯慶堂推衍後世子孫休咎賦云
顯慶堂將後世推子孫紹復承吾書四傳學業家還在
五世因貪人産除續俗流風六七代繼興遺跡八九渠
數終輪奐猶有代御史尹仁為吹噓厥後子沈集書經
傳注盛行於世而孫模杭輩相繼表揚曾孫希仁以貪
酷籍沒成化丙申巡按御史尹仁入關夜夢一老人囑
欽定四庫全書　全閩詩話
求栖身之地叩其姓名曰蔡某也及至建陽訪蔡氏子
孫得其所傳家譜閱之見西山推演後世之詩中預有
姓名不覺悚然即捐俸為建傳心堂盖其賦毫不爽云
湧幢小品

显庆堂中的预测

“显庆堂将后世推”，端居显庆堂的蔡元定开始推测家族的后世，他仿佛就是先知，将家族的未来一一推演出来。蔡元定的儿子蔡沉的《尚书集注》盛行于世，孙子蔡模、蔡杭相继受到朝廷表扬，从蔡发开始，蔡氏家族4代人出了9位大儒——“四传学业家还在”。蔡发的五世孙蔡希垔因贪酷被告籍没家产，后来，谢枋得流落建阳，见到蔡家困顿，撰文《为蔡文节公子孙免差科书》呈奏建宁府，请求免除蔡家的差役和赋税——“五世因贪人铲除”。最为神奇的是300年后的一件事——“御史尹仁为吹嘘”。明朝成化十二年（1476年），巡按御史尹仁到了福建，梦到一位老人请求栖身之地，询问他的姓名，说是蔡元定。等尹仁到了建阳，寻访蔡氏子孙，得到了蔡家的家谱，仔细阅读后，见到蔡元定的推演诗，并且诗的末句清清楚楚地写着官职“御史”名为“尹仁”。联想到自己做的那一场梦，尹仁不觉悚然，马上捐出俸禄为蔡家建了传心堂。

蔡元定静静地思考时局，考虑到南宋的福建可能出现的动乱，考虑到蔡氏家族可能的变故，有一次，蔡元定私底下给姻亲江德功写了一封信：

来岁亦欲一出，缘闽中气数已极，亦欲分一二子孙别居荆湖间，以为遗种之计。此邵氏先天之法，老先生亦有此意否，未易与他人言也。外象数说示教，若累书所谓，则有所未晓。盖数即理，理即数，在天为五行，在地为五形，在人为五常，错综参伍，即天地变化之数。若混而无别，乃是佛老异端之学。伏羲之画，自一而二，自二而四，自四而八，自八而十六，自十六而三十二，自三十二而六十四，然后能毕天下之能事。不然，天生河图，特一技术之末耳……秋末向冷，千万保生，为朝廷珍重，此定之至嘱也。

这是一封秋天时候的书信，天气已经很冷了，蔡元定说根据邵雍先天象数学的推定，福建的气数已尽，他想让一两个子孙到荆湖一带居住，这是保存后代的策略。后来，蔡元定受贬谪，始终坦然，是早已知道自己的命运了吧。

堪舆：先生归藏地与孝宗的陵寝

淳熙三年（1176年），在十二月的阴冷时光里，朱熹的妻子刘氏病卒。蔡元定的母亲也在不久前去世。蔡元定根本走不开，无法前来帮忙，陪同老师择葬地。

朱熹的妹夫——朱心的丈夫刘子翔在离崇安不远处找到一块葬地。朱熹去看了，地形不错，没有什么亏缺之处，但挖掘圹穴下去，有泉水涌出，朱熹不太明白为什么，问当地人，也没有一人能说出原因，只说是挖掘太深，如果移穴到高处，挖得浅一些就没问题。他心里疑惑，留在崇安县城3天，每天前去观察，终究觉得可疑。决定另寻一处。

蔡元定安葬了母亲，丧事办理完毕，朱熹仍然没有为妻子找到理想的葬地。深冬苦寒，朱熹到麻沙寻蔡元定。走下舟渡，不远便是显庆堂。蔡元定从显庆堂快步出来迎接老师。渡头处，几位商贩正在闲聊。朱熹问他们来自哪儿。他们说来自唐石里的后塘村。朱熹一惊，想起昨夜的一个梦。记得梦中异人有句话："龙归后塘，乃先生归藏之所。"一旁的蔡元定听老师这么一说，便与他一同前往唐石里。

大林谷下，一座小村庄祥和宁静，蔡元定前去叩问村夫，正是后塘村。朱熹和蔡元定沿谷地上山，雪花飘落下来。雪中的大林谷积下一层薄薄的白雪，山脊蜿蜒而去，如练飘动。蔡元定一看，说这是"风飘罗带"之形。山中，因为一场大雪而迎来了千树万树梨花开的雄奇。朱熹长叹一声，回答蔡元定的是一首诗："春风欲动客辞家，霖潦纵横路转赊。行到溪山愁绝处，千林一夜玉成花。"

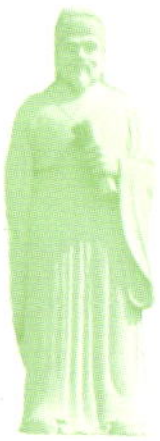

蔡元定说：就这里了。朱熹点点头。

朱熹在营建妻子的墓穴时，在妻子墓室之侧，留下一个空位，他要和妻子合葬。

朱熹母亲墓、朱熹夫妻合葬墓、朱熹长子墓，都是蔡元定参与堪舆的。蔡元定也为同门堪舆。

淳熙十二年（1185年）十一月，朱熹的门生、蔡元定的朋友丁复之去世，大家都十分哀痛，蔡元定帮忙选墓地，处理安葬事宜。崇安人江德功想让同门兼亲戚的蔡元定和朱熹一起为他的父母选一块墓地。朱熹一直抽不出时间，蔡元定选好墓地后，写信给朱熹，让他不用挂念此事。

“遁”不过的无妄之灾

蔡元定的祖父蔡谅、父亲蔡发都是精研《易经》的。《易经》是一部义理之书，也是一部可用于卜筮的象数之书。蔡谅、蔡发都是倾向于卜筮，蔡元定也一样。朱熹也曾直言不讳地说：“《易》，本卜筮之书。”

蔡元定曾用《易经》为朱熹卜过一卦，使他从政治激流中退出来，逃过一次劫难。

庆元元年（1195年）春正月，大宋朝廷的政治斗争进入白热化阶段。宁宗登基后，朱熹曾提醒右丞相赵汝愚，封赏外戚韩侂胄，并制止韩侂胄干政。赵汝愚麻痹了。既没厚赏韩侂胄，也没采取措施预防韩侂胄干政。韩侂胄随即布下政治罗网，要罢逐赵汝愚。韩侂胄先是安插党羽，制造言论。让右正言李沭上奏说赵汝愚“以同姓居相位，将不利于社稷”。赵汝愚也姓赵，是国姓，想不到这国姓也成了政治攻击的借口。当然，这点借口不足以击垮政敌，韩侂胄又污蔑赵汝愚图谋不轨。赵汝愚被罢，贬永州，一时天下大骇，而王朝的权柄已然落入韩侂胄之手。为了铲除异己，韩侂胄将“道学”之名改成“伪学”，有了这个名目，天下廉洁自律的儒士都被划入伪党行列，铲除起来就方便了。

此时朱熹在考亭，虽然人在江湖，却认为以从臣（侍从之臣，朱熹曾任侍讲一职）的身份劝谏君王分清奸邪，义不容辞。

于是，他起草奏章，洋洋洒洒几万字，奏章中极力陈述奸邪蒙蔽主上的祸害，讲明丞相赵汝愚的不白之冤。他的子弟门生纷纷进谏，说此举必然会招来祸患，朱熹不听。这时蔡元定来了。

蔡元定没说话，只是算卦。他按《易经》的卜筮之法，取出蓍草决断，算出本卦是“遯”，变卦是“同人”。

“遯”其实就是“遁”，就是逃避、躲闪。这一卦阴长阳消，表示小人得势，君子退隐，要君子明哲保身，伺机救天下。看到“遯”卦，朱熹知道这是天意，他的进言肯定没有效果，他没有说一句话，默然离开，然后，将奏稿取出来，点火，焚烧。

从此之后，朱熹多了一个名号——遯翁。

蔡元定用《易经》中的“遯”卦让老师从政治漩涡中抽身而退，自己却躲不过沈继祖恶毒的笔墨。

庆元二年（1196年）十二月，寒风裹挟着霜雪向朱熹、蔡元定及理学士人扑来。

本来，一群打击理学的权臣一直没敢直接攻击朱熹。这时，监察御史胡纮首先发难，他起草奏疏，直指朱熹。胡纮当然想阿附韩侂胄以飞黄腾达。当年，他从处州到五夫里拜朱熹为师，朱熹让他与其他门人一样吃脱粟饭，他大怒，说朱熹不近人情。积怨20年，终于有了报复的机会。胡纮写好奏疏，突然改任太常少卿。他不甘愿，于是将写好的奏疏交给沈继祖上呈。沈继祖大喜，认为奏章一上，富贵立马可得。这份奏疏中的朱熹已然是个欺君罔世的恶魔：不忠、不孝、不仁、不义、不公、不廉……沈继祖在奏章中除了攻击朱熹，同时，直指理学士人。身为朱熹高足的蔡元定注定无法幸免。沈继祖的奏章中，朱熹有六大罪状，涉及蔡元定的有三条。

当年，朱熹从潭州入朝，朝廷正在选择孝宗的陵寝。朱熹想让蔡元定到京城来为孝宗择陵地。此事成为沈继祖的重要把柄。奏疏中，沈继祖说朱熹不顾祖宗的典礼，想重用妖人蔡元定参与卜地：孝宗驾崩后，全国人都以为根据礼仪该埋葬在会稽。朱熹却凭个人私意，发表不同的言论，并奏请让江西、福建的草民重新卜地。朱熹的意思是想借这个机会给他交好的妖人蔡元定封官……还好，当时蔡元定婉拒了朱熹和赵汝愚的荐举，坚决不出仕，否则，后果更加不堪设想。

沈继祖的奏疏中还有一条，是指摘朱熹伙同建阳知县储用、门人蔡元定共同破坏县学的：沈继祖诬陷蔡元定看到建阳县学有侯王之气，朱熹就谋划占取县学，储用逢迎朱熹，将县学搬往护国寺。搬迁之时，用巨大的木头和粗大的绳索捆绑孔子的塑像，从大街上搬运而过，使塑像手脚断裂丢下，见到的人都惊叹不已。

沈继祖罔顾事实。其实，建阳县学在北溪、西溪双溪交汇处，水浒潭深，地势湫溢，经不起霖雨。建炎年间，县学被范汝为焚毁，破败凋零，急需改建。于是，朱熹与储用商量此事。当时，蔡元定并没介入，他根本不知情。

沈继祖的奏疏，几乎全是胡诌之语，但他的攻击目的全部达到了：朱熹被褫职罢祠；建阳知县储用被削去官职；蔡元定被建宁府追送到别州编管。

第六章

行者无疆

蔡元定是一位隐士，也是一位行者。蔡元定一直追随朱熹，并在出游途中为老师搜集古籍。他在受到“伪学”牵连后，被放逐道州，仍不忘遵守老师的嘱托，拜谒“濂溪祠堂”。

同游

居有一隅隐居苦读的蔡元定却有一颗远游的心，他常常涌动着远游的云水情怀。他与朱熹登云谷，与朱熹游仙洲山，与朱熹一起回婺源……

智者乐水，仁者乐山，朱熹认为：与万物为一，胸中泰然，天地之中，贴着山水，踩着土地，体悟大道，也是学习。在白鹿洞书院，他曾题一联：

鹿豕与游，物我相忘之地；

泉峰交映，仁智独得之天。

朱熹与弟子行走在山水胜境时，兴之所至，提笔崖壁，留下一些游走的记录。他所题写的摩崖石刻，至今仍然留有3处刻着“蔡季通”的。

淳熙二年（1175年），吕祖谦入闽与朱熹相会寒泉精舍，蔡元定也来相会。蔡元定协助朱、吕二人整理《近思录》。书成后，吕祖谦提议朱熹到鹅湖去与陆九渊进行交流论辩，消除思想的分歧。朱熹欣然答应。五月廿一日，朱熹带着蔡元定等人出发了，他们一行走到武夷山六曲溪南的响声岩时，夏光晴和，让人心情放松。一群文士游赏之余，朱熹欣然在石壁上题笔写下诸位学人的姓名以记载此次的宴集。

而后，蔡元定随朱、吕前往江西鹅湖，见证了这次历史上著名的鹅湖之辩。

淳熙七年（1180年）春，蔡元定前往江西南康看望老师，此时朱熹任南康知军。见到蔡元定前来，朱熹非常高兴，带着几位门人陪蔡元定去落星寺一带游玩。于是，就有了落星寺题刻。在此前后，朱熹的白鹿洞书院建成，开学，行释菜礼，朱熹亲自开讲并自任洞主。蔡元定见证了朱熹重建的白鹿洞书院。

淳熙八年，朱熹南康知军任满后，回到崇安。蔡元定前来，与他交流探讨。隐居武夷山水帘洞的刘甫写信来邀请朱熹、蔡元定等人到水帘洞一聚。又是一群雅士聚集，水帘洞的崖上，朱熹手书记游。

朱熹与门人同游，蔡元定总是追随先生之侧。淳熙三年（1176年）春三月，蔡元定在浙江的同母兄长去世。蔡元定从西山下来，来到五夫里向老师告别。朱熹也正准备回江西婺源的老家一趟。于是，二人结伴同行。

师生二人商量线路。朱熹不喜欢惊动地方官，不想让人感觉他想入京邀官。朱熹想利用这次机会与吕祖谦一聚。蔡元定就是为了奔丧。之所以结伴同行，其实是照顾老师。此时，朱熹的从表叔汪应辰去世，他要取道常山祭拜。二人设计了一条比较隐蔽的线路：取道浦城、衢州，到常山去祭拜汪应辰，而后再过开化到婺源。这一路线的州县不多，不会惊扰地方长官。如果要进城住宿，他们就等到黄昏才入城；如果途中有寺院，他们就寄居寺院。在常山绍德庵，朱熹祭拜汪应辰后，前往开化的听雨轩。听雨轩是吕祖谦选择的一个“秘密据点”。蔡元定陪老师在听雨轩待了9天，而后前往婺源。如此相随相伴，许多问题就可以深入地交流、体悟、修正。四月十二日他们抵达婺源，蔡元定告别老师，往浙江而去。望着蔡元定的背影，朱熹给吕祖谦写了封信，信中说：在路上，和蔡元定讲论，才悟到自己以前涵养的功夫太少，而且阐述观点时又有很多牵强的地方，有舍本逐末的弊病。讲论之余，恍然自失，仿佛有“顿进”之功。

六月，朱熹为婺源县学藏书阁写了《徽州婺源县学藏书阁记》，有这样的句子：“熹故邑人也，而客于闽，兹以事归，而拜于其学……”此时的朱熹依然把福建当成客居地，他产生了回归婺源老家的念头。蔡元定在分别前极力劝老师不要留在婺源，还是回福建好。后来，程敏政在给朱熹裔孙朱楙的信中写道：“闻知长老，淳熙中文公归展祖墓，慨然思返其故庐。因挟西山蔡元定与俱。蔡氏虽精于堪舆之说，而实则闽产，力劝文公返闽。则先生平日惓惓于新安之山水可知也。”

朱熹这次去婺源，如果不是蔡元定在一边陪伴，就可能错过一次学问和修养的“顿进”，而且，很有可能会因为眷恋婺源的山水而留在婺源。倘真如此，就不会有以后的考亭学派了。

壮游

绍熙四年（1193年），蔡元定独自远行，这是一次怀抱壮志的远游。

他的这次远游有两个主要目的：一、遵老师之嘱，搜集民间的《河图》《洛书》、太极图等样本。二、饱览大好河山，领略名山大川风采。

蔡元定由福建入江西，而后游湖南、湖北、四川、浙江。行经六省，只是地域的概念；就文化意义而言，是一次不受疆界限制、只以寻找古文化遗存为目的的行走。

蔡元定由江西入湖南后，抵潭州（今长沙），时任潭州知州周必大接见了他。此后，他走衡阳、岳阳、常德，然后转入湖北，到襄樊、汉中，又前往四川，入成都，再顺长江而下。

一路上，蔡元定谨记老师交办的任务，寻访古籍。后来，在道士高人出没的青城山，他购得一幅太极图。出四川后，他顺长江漂到武汉、南京、苏州、临安（今杭州）、绍兴。

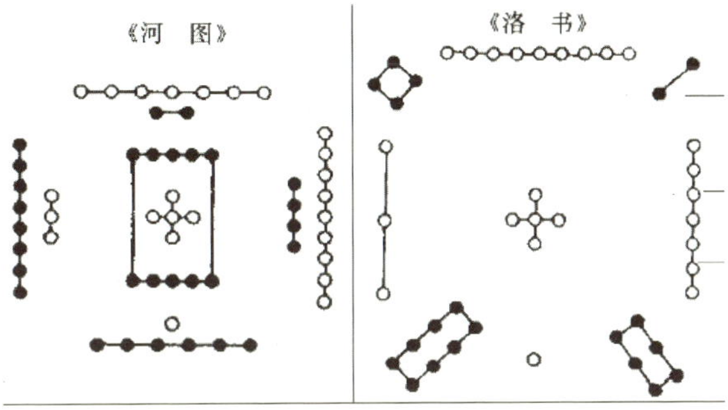

《河图》与《洛书》

在常德，蔡元定刻了朱熹手书《易经·系辞》的碑刻，立于湖南常德学府。

抵武汉后，蔡元定又在武汉问津书院等处讲学。

鄂州的州学教授许中应重新修建鄂州州学大门，在门上建阁，阁名“稽古”，阁中藏书，藏有绍兴年间的《石经》、南北宋的宸翰、儒家的《九经》，还有诸子百家的文献。蔡元定来到鄂州的时候，知州陈居仁和教授许中应请他到州学训导学子，并对他说，希望能得到朱熹的一篇记文。蔡元定归来后，没有忘记鄂州的叮嘱。朱熹于是写了一篇《鄂州州学稽古阁记》。

在临安，蔡元定受到了热烈的欢迎，朝中的“贤士大夫无不远迎”。一介布衣之士，能让临安的贤士大夫远远相迎，这可不是常人有的待遇。杭州西湖，风光旖旎，淡妆浓抹总相宜。蔡元定与士大夫泛舟西湖，京城的士大夫都想荐举蔡元定，但谨守父训、不干利禄的蔡元定知道后，“夜航以归”。

在远游的路上，蔡元定将收获写信告诉朱熹，朱熹在《答蔡季通》中说，当他从吴会（绍兴）一带回来的时候，收获会更大。在这封信中，朱熹还说了一件事：蔡元定远游的时候，朱熹到蔡家看望，那天，正好蔡家添丁。朱熹为蔡家高兴。

其实，本来朱熹是想和蔡元定一起远行的，但那段时间他生病了，病得不轻。他在信中哀叹说，这些日子，脚气病不算重，但没有痊愈。今天早晨，右臂之下从手掌以上连着肩背没有不疼痛的。身体忽寒忽热，看样子没有一段时间好不了……病虽不重，但气体极度衰弱，到了昨天，发展到了无力说话的地步。朋友从远方来，自己不想让朋友孤单，只能勉强起身应酬。朱熹继续对蔡元定说：我常常想，我们相见的时光不会太长久了。你如果游兴已尽的话，就早点回来吧，我能在晚年与你互相交流切磋，实在是我的愿望啊。

朱熹在给詹体仁的信中更明白地说，蔡元定出游，饱览江湖的表里形势，很有益处。只是恨自己走动不便，不能和他一起出行。

终于，蔡元定回来了。

当蔡元定将包袱卸下时，朱熹欣喜若狂。蔡元定默默地将带回的《河图》《洛书》、太极图和各种古籍孤本一一摊开。师生二人在经过仔细分析和挑选后，确定了太极图的样式并用在朱熹《易经本义》和《太极图说解》的篇首，使众说纷纭的“太极八卦图”从此确定了下来，并第一次在《周易》的著作中出现。但此时朱、蔡二人确定的“太极八卦图”不是后来常见的阴阳鱼形状。《周易本义》所录的伏羲八卦方位图和伏羲六十四卦方位图，只是具有目前所见的阴阳鱼太极图的基本框架。

流放

绍熙三年（1192年），蔡元定搬家。

绍熙二年，朱熹卸任漳州知州，来到建阳，暂居童游桥头，并着手在建阳城西的考亭修建屋舍。第二年，朱熹迁居考亭，蔡元定也举家搬迁到建阳后山。清澈的麻沙溪连着两地。乘船顺流漂荡，不用太久，蔡元定就可以到达考亭。

考亭书院牌坊

为了老师而举家搬迁，蔡元定与老师相随相伴，不离不弃。当后来朱熹被打成“伪学魁首”、名列逆党名册时，蔡元定一定无法摆脱干系。

庆元二年（1196年），沈继祖弹劾朱熹，列举朱熹六大罪状，将蔡元定一起牵扯进去。庆元三年正月，蔡元定被流放湖南道州。

正月，依然很冷。朱熹和各位门生正在讲论经文，有人送来小报。朱熹稍微起身看了一眼，又坐了下来，继续讲课，神色反而更加平和。第二天，门生们才知道，朱熹落职罢祠和蔡元定编管道州的省札同时下到建阳。朱熹所见的小报记录的正是此消息。

其实，在札子还未送达建阳的时候，蔡元定已知道自己在所难免。他早就写信给门生刘砺说：“化性起伪，乌得无罪！”是的，朝廷将性理之学当作伪学，自己怎么会无罪？果然，他被谪贬道州。州县才开始布置捉捕时，蔡元定没等兵卒到来，就主动前往建宁府就捕，然后，从建宁府启程，前往贬所道州，经过建阳。

朱熹早早就来到考亭溪边、瀛州桥东、靖安寺前，率门生100多人在靖安寺为蔡元定饯行。

船泊考亭，蔡元定下船。这是师生二人最后的相聚时光了。朱熹坐在靖安寺中，二人轻轻地暖语寒暄。

这段日子，朱熹正在研读《参同契》，他正有许多疑问，便询问蔡元定，蔡元定洒然回答。不久，朱熹的门生、蔡元定的同门一起凑份子去买了酒来，大家喝酒。朱熹从靖安寺出来，大家跟随而去，列坐在寺前的瀛州桥上继续喝。回到寺中，继续喝。朱熹醉了，睡了。

一切尽在酒中。

门生之中，丘膺为友人担心，不断地流泪哭泣。在瀛洲桥列坐喝酒的时候，詹体仁悄悄离开。

朱熹后来在《答储行之》的信中提到丘膺时说，蔡元定和丘膺“两得其理”：蔡元定处变不惊，泰然自若；丘膺替朋友担心，流泪不已。两位门生的情感都合乎天理。

朱熹也评价当时离开的詹体仁，说此人有富贵气。詹体仁是蔡元定的表兄弟，此前曾以直龙图阁的身份任福州知州。蔡元定的事，詹体仁凭着自己的人脉，多方调停。

在忧伤、感叹，甚至泣下的一群门生中，朱熹注视着蔡元定，见他与平时无异，喟然叹道：“友朋相爱之情，季通不挫之志，可谓两得矣。”

离别时，蔡元定不想流露伤感。人生浮沉，世道险恶，死生难料，为什么不笑着离开呢？他张了张嘴，缓缓吟出一首诗：

天道故冥漠，世路尤险巇。
吾生本自浮，与物多瑕疵。
此去知何事，死生不可期。
执手笑相别，无为儿女悲。
轻醇壮行色，扶摇动征衣。
断不负所学，此心天所知。

第二天，蔡元定继续溯麻阳溪而上，朱熹依然相送。船行至马伏，他们下船，在寒泉精舍歇息。这一夜，两位老人都没睡。春寒料峭，烛影摇曳，他们彻夜修订《参同契》。一年前，朱熹已动手撰写《参同契考异》，但疑问太多，拖延太久。正因为这次深入的交流，朱熹以后凭一己之力完成《参同契考异》一书。

此时，朱熹68岁，蔡元定63岁。

两人为文化传承而思考讨论，已将身体置之度外。

第二天，蔡沉及蔡元定的门生邱崇和刘砥陪侍着蔡元定前往道州。

蔡元定经邵武，过光泽杉岭、武阳，入江南西路，经丰城、宜春、萍乡，进入荆湖南路，经醴陵、储洲南向经衡山、衡阳、耒阳、郴州，西向桂阳军的阳平、嘉禾、宁远，到达道州。

一路都有朱熹的书信相伴。

蔡元定才走一天，朱熹就写了《赠西山赴春陵书》："昨日之别，令人黯然……不审晚间到得何处安歇？前途千万加意调节，言语诸事更宜谨密。夜间止宿，尤宜切戒。或船或路，忖度其可否。遇晴遇雨，斟酌其行止，度可朝夕之安也。暂处一二年，君相若能回天意，归辕又有可必之期耳……”朱熹除了表达自己的黯然之情，还考虑蔡元定夜间栖息何处，提醒他夜间休息的时候要特别小心，坐船、走路、天晴、下雨时千万要谨慎，能走就走，不能走就停……似乎是情人的叮咛，又似乎是母亲对儿子的交代。

蔡氏族谱中的蔡元定像

不久，朱熹又来信说：“自奉别后，惘惘至今，不能忘于怀。计行已过杉岭……无伤吾足乃佳耳。一路皆有知旧，必不落寞，但恐却有应接之烦耳……至春陵，烦为问学中濂溪祠堂无恙否。”朱熹根据行程推测蔡元定可能过了杉岭，希望蔡元定不要走伤了脚。朱熹估计他每到一处落脚都有可能遇到同门，他的行走也就不至于太落寞。同时，朱熹交代蔡元定到春陵后，看看周敦颐的濂溪祠堂是否安然无恙。

信件一直在传递。

道州到了，蔡元定拄着拐杖，脚流着血。他走了3000里。

在道州安顿下来之后，正好有兵士返乡。蔡元定急忙修书一封，托兵士捎信给朱熹。蔡元定说在这里所租的屋子很宽敞，物价低廉，足以度日。朱熹担心蔡元定起居不便，早已向道州的赵知州写信，希望能照顾蔡元定。赵知州也很留意。后来，赵知州改任他处，继任者朱熹不认识，他推测詹体仁已遣人前去向继任的知州告知蔡元定之事了。

道州士人得知朱熹的高足蔡元定谪居此地的消息，纷纷前来求学。教还是不教？关心蔡元定的人说，在理学被当作伪学的时期应该谢绝生徒。蔡元定犹豫着，他写了封信给朱熹，信中引用了《庄子·徐无鬼》中的一句“神人恶众至”，意思是“神人讨厌众人跟随”。朱熹回信说：“众至之患，贤者所未免，乃以散遣诸生见教，何耶？此亦任其来去，若有患难，虽杜门齚舌，亦未必可免也。”意思是，贤人总是难以免除众人的跟随，如果真有祸患灾难，即使是关紧门户咬住舌头，也不一定可以免除。

是啊，考亭饯别的时候，蔡元定自己就说过：“获罪于天，天可逃乎？”但如今远近各地的从学者聚集而来，蔡元定又怎么忍心拒绝？如果有祸患，闭门谢客也是避免不了的。

于是，蔡元定收下前来求学的人。他的讲席前坐着黑压压的一片。其中一位名士，恃才傲物，原先一直讥笑投身蔡元定门下学习的学子。如今，这位名士也坐在台下，他反被学子们取笑了：为什么当初不敬，如今从命？

那年，陪伴父亲在道州的蔡沉31岁，他的容貌气质深深地打动了一个人。此人叫李长庚，是宁远人，进士出身。李长庚见了蔡沉，很讶异地说：我从官多年，别无所好，只是积蓄了几千卷的书，我给自己的书屋取名冰壶，如今，我见了你，感觉你确实是冰壶中人。

李长庚要把女儿嫁给蔡沉，蔡沉以自己已经娶了妻生了子为由婉拒。李长庚说：男子娶两位女子为妇，合古礼。

蔡元定被李长庚的诚心打动，对蔡沉说：成全李公的“馆甥之意”吧！

之后，李氏为蔡沉生下一个儿子，名唤蔡梃。李氏产后得病去世，年仅24岁。

庆元三年（1197年）十二月，一份“逆党”的名册炮制出来。名列“伪学逆党”的有59人：宰执4人，以赵汝愚为首；待制以上13人，以朱熹为首；还有余官31人；武臣3人；士人8人。8位士人中，蔡元定的名字赫然在列。

已经不能研读“伪学”了，蔡元定便取出《玉髓真经》这部地理书，撰《〈玉髓真经〉发挥》，又感觉在风土与建阳颇异的道州，自己的身体每况愈下，便整理了古代诊脉的书籍，写成《脉经》。

一天，门生邱崇对蔡元定说，想回去省视父母。蔡元定缓缓地问他能否再待一段时日，希望他们能一起出去走走。这是蔡元定最后的出行，他已经有所预感。他们登九嶷山，拜谒周敦颐的濂溪故居、祠堂和帝舜的陵墓。他们缓步徐行，往还数日。途中，蔡元定对邱崇说：“非徒游观而已。”

蔡元定说不仅仅只是游玩观览，那他还有什么目的呢？

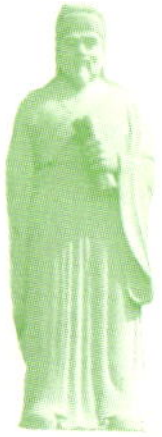

这是蔡元定人生最后一次的文化朝圣，他答应过老师要看看“濂溪祠堂无恙否”。

不久后的一天，蔡元定置办酒食，邀约道州的朋友前来相聚，杯盏之间，蔡元定说：此次聚会是与各位朋友道别。

在座的朋友一脸惊愕。

蔡元定对蔡沉说死生有命，又说做人要“独行不愧影，独寝不愧衾”。

一个人独自行走，要对得起自己的影子；一个人独自睡觉，要对得起自己的被子。这是高境界的慎独。

蔡沉默然点头。

蔡元定说：要让子孙也奉行“独行不愧影，独寝不愧衾”的训诫，不要因为我不明不白的获罪而不严谨修身。

似乎很多事情都已交代，蔡元定的病症随之出现。医生前来诊治，说：脉平，可以医治。蔡元定没有说医生说错，只是淡淡地回答道：这是脉相和病症不相对应，不是药力可以治疗的了。

蔡元定吩咐邱崇买木料让工匠来做棺材。棺材做好后，蔡元定躺进去试试，起身后，让匠人再砍削一部分，使棺材更小一些。他说：我担心路太远棺材太重，难以返乡。

有许多朋友来拜访，蔡元定依然接见谈论，不见他显露出疲倦。蔡元定说：各位朋友如有疑问，该问就直接问吧，几天后，我就不能说话了。

果然没过几天，蔡元定将蔡沉叫到身边，交代道：谢客吧，让我安静安静，我这旧物得回归自然造化了。

几天后，蔡元定手书遗嘱给蔡沉说：我以士人的身份被流放，成了天下罪人。我死后，不得接受此地官员和亲朋故旧的吊慰。道州地气和他处不同，你不能睡在地上，如果你病了，我们父子二人同丧于此，就永远无法回归故里了。三日即入敛，入敛之后，一天三举哀，如果你因悲伤过度而毁损身体，导致生病，就不是孝子。凡是亲朋和宾客来，烦请邱崇祇祷，并书写姓名，回建阳前要亲自前往道谢。你要处事不乱，才可以保全我的遗骸归乡啊。

閩學幹城
紫陽羽翼

第七章

著书立说

蔡元定不但协助朱熹校阅、刊刻、整理了一批理学著作，而且在音律、象数、兵书、医书等方面都有所建树。

抄录、刊刻与协修

淳熙四年（1177年），朱熹安葬了妻子刘氏，回到书斋，他将“四书”章句、集注的文稿再认真地理一理，而后来到书案前，给蔡元定写信：

> 某数日整顿得“四书”颇就绪，皆为集注，其余议论别为“或问”一篇，诸家说已见“精义”者皆删去，但《中庸》更作“集略”一篇，以其“集解”太烦故耳。

在这一年，朱熹构建起了最初的“四书”宏大体系。前几年，他在寒泉精舍守丧时，《论孟精义》成书，刊刻于建阳。赴鹅湖与陆九渊论辩归来，朱熹觉得陆九渊兄弟的体系有禅学的味道，他意识到必须通过对理学核心概念的阐发以及对经学思想系统的总结，才能让理学的体系清晰、完备、阔大，才能用完备的理学系统护卫道统，捍卫儒门，以免士人没有正见，误入邪见中去。鹅湖之会后，朱熹随即开始修撰《大学章句》《中庸章句》。在听雨轩与吕祖谦相会之后，朱熹也感觉吕祖谦的体系不够纯正，他内心的紧迫感更强烈了，越发觉得任重道远，卫道艰难，深感唯有建立“四书”体系，构建纯正、权威的儒学，将纷乱的、多元的思想会归于一，才可以让天下学人进入正知正觉的彀中。

《大学》《中庸》整理告一段落时，朱熹写下序言表示序定。《大学章句》序定的时间是淳熙四年（1177年），《中庸章句》序定是在一个月后。至此，朱熹对“四书”的注释解读已有《论语集注》《论语或问》《孟子集注》《孟子或问》《大学章句》《大学或问》《中庸章句》《中庸或问》。

当朱熹给蔡元定写信说“某数日整顿得‘四书’颇就绪”时，他的整个“四书”博大的体系框架已搭建成形。

为了传播思想，朱熹必须将著作刊刻成书。蔡元定生活的麻沙是建本之乡，蔡元定与刻书工匠多有交往；蔡元定是朱熹的朋友与高足，可以校阅审订。在著述与刊刻上，蔡元定深得老师的信任，除了当面的交流，朱熹还常常写信给蔡元定，讨论抄写、刻书事宜：

> 《孟子解》看得两篇，改易数处，颇有功，但涂抹难看，无人写得一草本，不知彼有后生醇谨晓文理快笔札者否？俟某复来此，请得一两人来草写出一本，大家商量为佳……

当时，朱熹注《孟子》的《孟子解》稿样已经写好，但涂涂抹抹，不容易看懂。他希望能将稿样重新抄录一遍，于是写信让蔡元定请一两位抄写工，要求抄写工既通文理，又有快速抄录的水平。有了清楚的稿样，才方便大家一起商量讨论。

在另一封信中，朱熹交给蔡元定重大任务。他准备整理一大批理学著作，要蔡元定将《拾遗》《外书》《记善录》《龟山语录》《上蔡语录》《游氏妙旨》《庭闻稿录》《五臣解孟子》各自抄出。因为有经文和注释文字，朱熹特别叮嘱原来的经文可以不要写，到时用剪贴的方式拼接；每章写成一段；各注家对每一章的注释按次序抄写出来。同时，有两个刻工已经开始刊刻，朱熹肯定了这两位刻工的水平。他一个人太累了，担心校勘不够精细，于是给高足蔡元定加压，让他多承担一些任务。

不只是刻印、抄录，蔡元定对朱熹的帮助是全面的。蔡元定的学生翁易在宋理宗淳祐七年（1247年）撰的《蔡氏诸儒行实》有如下记录：

> 晦庵疏释“四书”，因先生论辩有所启发者非一。……“六经”、《语》《孟》《学》《庸》之书，先生与之讨论讲贯则并驰其功焉。《易学启蒙》一书，先生研精覃思，屡年而后就，晦庵复删润之，始克成书。

文中的“先生”就是蔡元定。翁易说，蔡元定常与朱熹讨论交流，对朱熹注疏“四书五经”是很有启发的。另外，翁易说《易学启蒙》是由蔡元定经过几年的思考撰述才成稿，最终，此书经过朱熹增删润色成书。

在《宋史·蔡元定传》中也有记载：

> 熹疏释“四书”，及为《易》《诗传》《通鉴纲目》，毕竟与元定往复参订。《启蒙》一书，则属元定起稿。

《宋史》的记载与翁易记载的一样。至今，还能看到朱熹给蔡元定写的信，他希望蔡元定早日将《易学启蒙》修好。蔡元定修好后，朱熹提出修改意见让蔡元定继续修改，又写信问询：“《启蒙》所改是否？又‘天一地二’一节，与‘天数五地数五’相连，此是程子改定，当时不曾说破，今恐亦当添程说乃明尔？”他让蔡元定将程颐对《易经》的解读增补到书中明确出来。《易学启蒙》定稿后，朱熹在《启蒙序》中说：“因与同志，颇辑旧闻，为书四篇，以示初学，使毋疑于其说云。”这里的“同志”就是蔡元定。

古律寻踪

研究音乐史，特别是研究音乐的乐律，一定绕不过蔡元定。中国最古老的乐律专著《乐经》已失传。在音乐史上，研究乐律的不乏其人。如今，可知的最早古律是十二律(六律六吕)；到了西汉，是房京的四十八律；到了南宋，是蔡元定的十八律；到明代，则是朱载堉的十二平均律。

蔡元定是乐律研究史上的重要一环，他的乐律代表作是《律吕新书》。

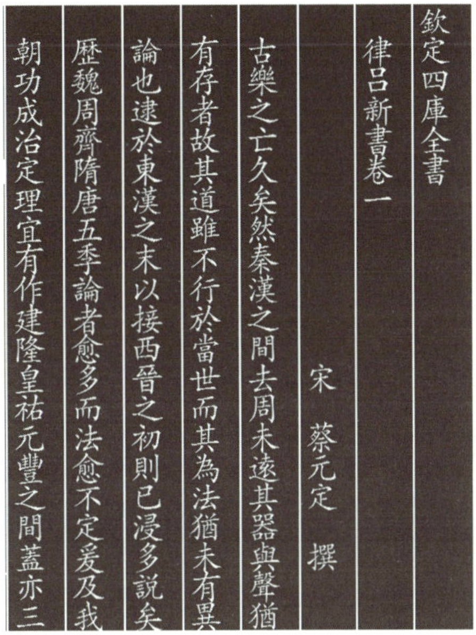
欽定四庫全書
律呂新書卷一
宋 蔡元定 撰
古樂之亡久矣然秦漢之間去周未遠其器與聲猶有存者故其道雖不行於當世而其為法猶未有異論也逮於東漢之末以接西晉之初則已浸多說矣歷魏周齊隋唐五季論者愈多而法愈不定爰及我朝功成治定理宜有作建隆皇祐元豐之間蓋亦三

文渊阁《四库全书》中的《律吕新书》

翻开《律吕新书》，卷一的第一句话就是“古乐之亡久矣”。面对古代乐律的失传，蔡元定以其高远的历史眼光和超强的计算能力，再加上一位大儒的责任与担当，开始追寻古律。

《律吕新书》是蔡元定的心血之作，也是与朱熹反复讨论、审慎撰写的一部著作。全书共二卷，上卷《律吕本源》十三章；下卷《律吕源辨》十章。

朱熹专门与蔡元定讨论律书的问题，甚至考虑到了章节的编排，他说：《审度》《嘉量》《谨权衡》这三章，尤其不应排在《候气》这一章之前。

后来，蔡元定在审定的时候，吸纳了朱熹的建议，《候气》排在第十章，将《审度》《嘉量》《谨权衡》依次排在第十章之后。

《候气》章的候气之法是中国古代一种根据天地交感而确定音律的方法——即“定律”。相对于《审度》《嘉量》《谨权衡》章节中的确定长短、容积、轻重，确定音律的级别更高，难

度更大。只是候气之法非常奇怪与玄妙，在晋代已失传，甚至有学者认为是假的。到了宋代，蔡元定遍查古书，重新研究候气之法，并记录下来，实属难能可贵。

古人用管子确定音准，也同时确定季节变化，这管子称“律管”。确定音准的律管共12根，可以吹出12个高度不同的标准音。这12个音分成阴阳。12音的6个奇数音为阳，称为律。6个偶数音为阴，称为吕。12个音就合称“律吕”。

十二个音每个都有名称：黄钟、大吕、太簇（也写为“蔟”）、夹钟、姑洗、中吕、蕤宾、林钟、夷则、南吕、无射、应钟。

十二律管长的则音低，短的则音高，律管的粗细固定不变，但长短有着严格的比例规定。

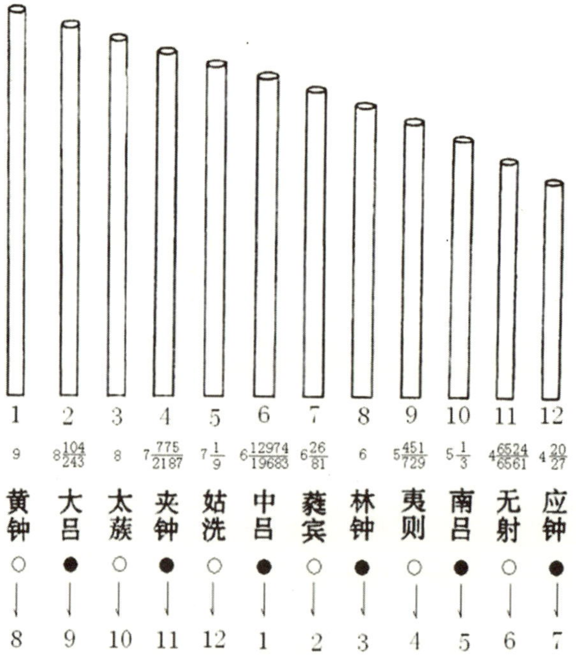

十二律体系

将1.黄钟管长减1／3，就得到8.林钟的管长6寸。

将8.林钟管长增1／3，就得到3.太簇的管长8寸。

将3.太簇管长减1／3，就得到10.南吕的管长5又1／3寸。

将10.南吕管长增1／3，就得到5.姑洗的管长7又1／9寸。

将5.姑洗管长减1／3，就得到12.应钟的管长4又20／27寸。

将12.应钟管长增1／3，就得到7.蕤宾的管长6又26／81寸。

将7.蕤宾管长增1／3，就得到2.大吕的管长8又104／243寸。

将2.大吕管长减1／3，就得到9.夷则的管长5又451／729寸。

将9.夷则管长增1／3，就得到4.夹钟的管长7又775／2187寸。

将4.夹钟管长减1／3，就得到11.无射的管长4又6524／6561寸。

将11.无射管长增1／3，就得到6.中吕的管长6又12974／19683寸。

这便是中国古代音乐史上制定音律的著名法则：“三分损益”法。

这12根管子分别对应着12个节气：冬至对应黄钟，大寒对应大吕，雨水对应太簇，春分对应夹钟，谷雨对应姑洗，小满对应仲吕，夏至对应蕤宾，大暑对应林钟，处暑对应夷则，秋分对应南吕，霜降对应无射，小雪对应应钟。

于是，这12根管子与季节有关，可以候气了。

什么是候气?

将12根长短不一的律管埋入地下，管中填入芦苇的灰，再用极轻的丝帛或竹子内壁的薄膜这类质地轻薄的东西轻轻贴在管口上。这简直是非常严密的科学实验，因为芦苇灰、竹子内的薄膜，只要极细微的风都会飘走的。所以，这十二根管子必须放置在非常封闭的环境中。

蔡元定在《候气》一章中说：

> 候气之法为室三重，户闭，涂隙必周密，布缇缦室中……以葭灰实其端，覆以缇素，按历而候之，气至则吹灰动……在冬至，则黄钟九寸。

候气的环境是在三重墙壁的密室中，门户紧密，将所有的缝隙涂密实，并在密室中挂上缇缦……（管中）放入芦苇灰，用丝帛盖上，按照节气等候。冬至那一天，黄钟那根管子中的灰，受到天地聚集的阳气吹动，喷出管外，同时发出“嗡”的声音，这个声音，就是黄钟之音。大寒这一天，则是大吕这根管子“灰飞”，发出的则是大吕之音。

这一现象就是“灰飞”。天地之间，难道真有如此的声音？我们肯定不太相信，但很久很久以前，大家都是相信的。

杜甫有一首诗，写冬至前一日的，诗名《小至》，就提到了“灰飞”的现象：“天时人事日相催，冬至阳生春又来。刺绣五纹添弱线，吹葭六管动浮灰。”

淳熙十四年(1187年)，蔡元定52岁，《律吕新书》著成，他请朱熹为《律吕新书》作序。

《律吕新书》在中国音乐史上有相当重要的地位，但非专业人士难以读懂读透，朱熹也直白地说：“季通之为此书，词约理明，初非难读，而读之者往往未及终篇，辄以欠身思睡，故无由了其归趣。独以予之顽钝不敏，乃能熟复数过。”

尽管蔡元定的《律吕新书》写得并不难懂，但一般的人往往没读完就欠身想睡了，朱熹谦虚地说，只有像他这样的“顽钝不敏”之人，才能反复地研读。

朱熹在同学生交流的时候，评价《律吕新书》说：“季通律书，分明是好，却不是臆说，自有按据。”

蔡元定以他的数理天分，推断出十八律，在律学史上占有一席之地，不过，很有意思的是，精通乐律的蔡元定居然不会弹琴。所以，朱熹也说："季通不能琴，他只是思量得，不知弹出便不可行。"蔡元定根据计算，穷究出音乐十八律，但真实落到演奏上时，却没有可行性。根据目前对《律吕新书》的研究，大体可以得出一个比较合理的结论：这本书的研究价值大，读者少，实际操作性不强。至于是否正确，还是留待更多专家研究吧。

医书、葬书、兵书及其他著作

宋代的学术高度发达。如果按现代划分知识体系的方法将学科分成社会科学和自然科学，那么我们所谈的宋代的许多学派都应归入社会科学中去。王安石的新学、邵雍的象数学、陈亮的功利学、吕祖谦的婺学、苏东坡的蜀学、张载的关学、程颢和程颐兄弟的洛学、司马光的涑学、周敦颐的濂学，还有朱熹的闽学……

这批宋儒建立的学派固然是社会科学，但他们普遍运用形而上学的概念解释自然，或用当时的自然科学知识印证形而上学的概念，建构并阐述了儒家的自然观，如王安石、张载建立以"气"为本源的自然观，周敦颐、邵雍建立"太极"化生万物的宇宙观，二程、朱熹则建立以"理"为本源的自然观。这批宋儒的研究与解释活动自然与他们担当天下、"下学上达"的为学动机有关，同时，也由于宋代诸儒要建立的学术体系与注重辞章注疏的汉学不同，需要广博的自然知识介入他们学术体系的构建。宋儒对于自然的研究，在很大程度上是出于儒学的需要，并且是作为儒学研究的组成部分。

宋代大儒关注自然，研究自然，重视自然知识，使得宋代儒

学与自然科学的关系发生了很大的变化，儒学对自然科学的影响更加直接和明显，并对宋代科学的发展起到重要的推动作用。朱熹就是一位自然科学的先行者，英国著名学者李约瑟对朱熹有高度的评价，他说："在中国的文献中，有关山岳成因论述，是极为丰富的。其中最有名的，是新儒家者朱熹。"他指出"朱熹是第一个辨认出化石的人"。

蔡元定是朱熹的高足，在宋代大儒普遍重视自然科学的大背景下，蔡元定的阴阳术数与自然科学合流。蔡元定对阴阳术数有独到的见解，他的阴阳术数学成为朱熹理学体系特别是自然科学体系的重要补益。

蔡元定的《律吕新书》就充满了理性与自然科学的精神。

晚年的蔡元定被贬谪到道州。在道州，他撰写了两本与自然科学有关的著作：一本是医学著作《脉经》，一本是地理学著作《〈玉髓真经〉发挥》。

蔡元定被流放道州时已63岁。一位年过花甲的老人，徒步3000里，到风土殊异的湖南道州，这是何等艰难！道州与广西相邻，那一带的自然环境荒恶，蔡元定也明显感觉到气候的反常，冷热无常，忽然寒冷又突然酷热，一天之中的变化就像四季的更替。蔡元定的身体本就不好，至此，更是每况愈下。

且如今，教学与研读理学著作的人都是"逆党"。病痛中的蔡元定轻轻地叹了一口气，他取出医书《内经》《难经》，还有张仲景、王叔和以及孙真人各家的脉书研究。他特别认真地揣摩当时流行的《脉诀》一书。《脉诀》据说是魏晋之际著名医学家王叔和所著。蔡元定之所以认真揣摩，是因为这本书流传得非常广。早年阅读此书时，蔡元定就一直疑惑，感觉此书非优秀医家之作，书中很多错误荒谬而且用语鄙俗。此次再细细翻看，他发现，此书根本经不住认真揣摩。再阅读永嘉医派陈无择的《三因方》，原来陈无择也在怀疑此事，并且做了考证，所谓王叔和著《脉诀》果然是假托的，真正的写作者是一位叫高阳生的人。

医书是用于治病救人的，怎能乱写？这不是把天下苍生的性命当成儿戏吗？蔡元定是做学问的人，编注过大量的古籍。凭着一位对自然科学有独到见解的大儒的敏感，面对各家诊脉的医书编排杂乱无章的现状，他决定自己整理一部。

蔡元定以实证的精神，撷取各医书合理实用的内容，次第编录，推出《脉经》。为了拨乱反正，他在自己编定的《脉经》之后附上了《脉诀》，让医家、学者相互比较参正，认清《脉诀》的错误之处，重建正确的诊脉理论。

真是用心良苦啊，编一部书，虽然是源于自己的病，却考虑到了天下苍生。

《脉经》分为上、下两篇：上篇包括“论十二经”“尺关寸”“论胃气”“论三阴三阳”四章；下篇包括“论四时脉”“论三部”“论男女”“论奇经八脉”四章。

关于医学脉象的著作，除王叔和外，隋唐及其以前的医家以《脉经》名书的并不少。但宋代以后，敢于把自己的脉书称为“经”的，如凤毛麟角。蔡元定的《脉经》就是这少数称“经”的一部。

《脉经》长于论理，而不像一般医家喜罗列脉象主病。蔡元定并不是医生，他著《脉经》，是因为远谪他乡、身体不适，于是翻看古代医著，翻看之时，深感古书谬讹零散，他就以一位大儒的责任感，整理阐发，探求脉理的本质。

也有学者考证，目前流传于世的《脉经》只是蔡元定《脉经》中的一个节选本，全本已失传。

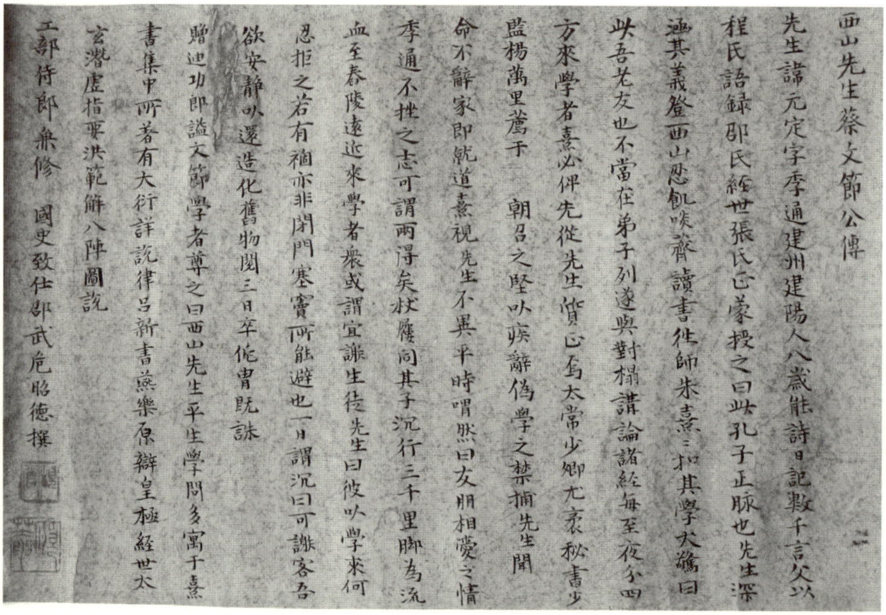

西山先生蔡文節公傳
先生諱元定字季通建州建陽人八歲能詩日記數千言父以
程氏語錄邵氏經世張氏正蒙授之曰此孔子正脉也先生深
涵其義登西山忍飢啖薺讀書往師朱熹熹扣其學大驚曰
此吾老友也不當在弟子列遂與對榻講論諸經每至夜分四
方來學者熹必俾先從先生質正焉太常少卿尤袤秘書少
監楊萬里薦于 朝召之堅以疾辭偽學之禁捕先生聞
命不辭家即就道熹視先生不異平時喟然曰友朋相愛之情
季通不挫之志可謂兩得矣杖屨同其子沉行三千里脚為流
血至舂陵遠近來學者衆或謂宜謝生徒先生曰彼以學來何
忍拒之若有禍亦非閉門塞竇所能避也一日謂沉曰可謝客吾
欲安靜以還造化舊物閱三日卒侂胄既誅
贈迪功郎謚文節學者尊之曰西山先生平生學問多寓于熹
書集中所著有大衍詳說律呂新書燕樂原辯皇極經世太
玄潛虛指要洪範解八陣圖說
工部侍郎兼修 國史致仕邵武危昭德撰

危昭德撰《西山先生蔡文节公传》

在道州的日子，蔡元定不再注经书。想起当年在母亲腹中就受圣人之训，如今，平生所学都成了伪学，必须放弃一生的努力，这是何其悲凉！但是，著述地理、种植、方术、占卜、医药这些书是无妨的，就算秦始皇焚书也不焚这些实用之书。蔡元定想起遥远的童年。父亲一边教他以圣贤之学，一边教训他要用心地理、医药之学。蔡发说：身为人子，不能不知道一些医药和地理知识。父母亲生病了，不知道医药，却让庸医治疗，简直是误杀父母，这与自己弑逆有什么不同？罪过没有比这更大了！父母去世，将父母的遗体交由平庸的风水师，让他们选择葬地，使双亲的魂魄不得安宁，甚至可能断子绝孙，这就像是把双亲的遗体抛弃于沟壑啊，罪过极大！

想起当年父亲的话语，如今又不能研究圣人之作和礼义之书，蔡元定便将古本与流行的葬书一一取来，细心观览。

地理之书，与一些论脉之书很像，经常空谈玄理，让人云里雾里的，零散错讹，害人不浅。然而，此次蔡元定很幸运，他的手头有一本极为合乎正道的地理之书《玉髓真经》。

《玉髓真经》是张洞玄所著。张洞玄是宋朝国师，他根据多年掌管皇家风水档案的阅历和研习风水典籍的体会著成《玉髓真经》一书，将汉至唐1000多年间帝王将相的名墓和风水得失详加列举并系统分析。张洞玄用五星起龙法，用五行测造化，以天地自然之数来准确取穴，这是之前的地理书从未有过的。加上张洞玄的《玉髓真经》流传不是太久，他的门人弟子互相传授，传承学习《玉髓真经》的都是品行端正之人，文人雅士也不会认为它是玄秘之书，所以此书没有驳杂错乱的弊端。更为巧合的是，蔡元定曾从张洞玄的七世孙那儿得到了一本《玉髓真经》善本。当年，蔡元定就曾抄录并精心收藏，只是没有闲暇注释。如今，身在道州的蔡元定重新取出此书，朝夕玩阅，日益理解其中的奥妙，于是他将书中的文字和图录再进一步细致阐述，并校正错讹，著成《〈玉髓真经〉发挥》。此书是蔡元定对家学的回归。

元代的陈栎谈到宋代的风水之学时，他说："风水之说，自司马温公之后辟之者多，《玉髓真经》一书乃蔡季通'发挥'，真是奇伟此人。"

蔡元定著书丰富。淳熙十六年（1189年），他完成了《皇极经世指要》，并作《皇极经世指要序》。绍熙四年（1193年），他著就《八阵图说》，朱熹为《八阵图说》作序。朱熹说：大宋王朝的文治虽然聿兴，但是武略不行，所以，《八阵图说》有益于当世。但是，得到这本书的人要藏在金柜中，切莫胡乱流传，更不要乱动乱行。学者得此书应当辅助朝廷，大显功勋，巩固山河，安定邦国。

蔡元定还著有《太玄指要》《大衍详说》《燕乐原辩》《气运节略》等。另有一则短文，不得不提，是睡觉的秘诀——《睡诀铭》。

> 睡侧而屈，觉正而伸，勿想杂念，早晚以时，后睡眼，先睡心。

睡的时候，用侧卧屈身的方式。醒来的时候，就放正身体，舒展开来。不想杂念，按时作息，先睡心，再睡眼。

朱熹见到了《睡诀铭》，说道："此语可谓名言。"

尾声

庆元四年（1198年）七月，蔡元定在道州进行一场人生最后的远足。本来，他是不能远行的，因为身体不好。但蔡元定没有忘记朱熹的交代——到道州看看濂溪祠堂。他让门生邱崇陪他登九嶷山，拜谒周敦颐的濂溪祠堂和舜帝的陵墓。拜访濂溪祠堂，是蔡元定生命终结前的一次践诺。此后，蔡元定病倒了，他对儿子蔡沉说死生有命，但做人要正，要"独行不愧影，独寝不愧衾"。蔡元定诸事交代完毕后，给朱熹写下最后一封信：

> 定辱先生不弃，四十余年随遇，未尝不在左右，数穷命薄，听教不终。自到此地，生徒虽众，因循岁月而已，殊无日新之益。所沾之疾，初其泄泻不止，继而热气上攻，微弱莫能远步。最后中虚暴下，百方治之无效，势必不久，唯以不见先生为恨！天下未必无人才，但师道不立为可忧矣！先生所以寿如乔松者，上天传斯文之大任也。《楚辞》略看得几处，即书候完奉寄。今将邵氏历法、诗、易等纂述未全者呈上，先生以成之

也。邱（丘）子陵才学优长，相随至此，辛勤不懈其志，朋友十分难得，他时必有用于世。沉子归，可收而教之，幸甚！元定执笔不端。

蔡元定将还未著述完成的著作留给朱熹。蔡元定说朱熹担负了传承天下道统的使命，一定能够寿如乔松。只是没想到，两年不到，朱熹得了与蔡元定相似的病症，那时，蔡沉在他的身边侍候，朱熹想起当年蔡元定述说的病症，对蔡沉说了一句：“某与先丈病势一般，决不能起。”而后倏然离世。

蔡元定所担忧的是：师道不立。一位谪居远地、即将客死他乡的士人，不忧不惧，竟只道“师道不立为可忧”，真是令人感叹。

临终前，很多人在哭泣，蔡元定说：大丈夫莫作儿女态，人生的得失荣辱，进退往来，都是天命，何必哭泣！

当蔡元定被移到正厅的时候，传来两声巨响，像是巨石坠落窗牖，声震邻里。蔡元定溘然长逝，享年64岁，这天是庆元四年（1198年）八月九日。这一日，天地昏暗，风雨大作。

几个月后，蔡沉扶柩东归。临别之时，认识与不认识的人都流泪哭泣，吊祭之人连绵不绝地站在路边。蔡沉一一跪拜，足膝为之流血。有一位不相识的人，他想到蔡沉护柩返乡，路上的费用花销必然不少，就拿出白金数十两相赠，蔡沉很感动，但父亲曾有交代，绝不可受。于是他婉转推辞说：就算无法护柩前行，那就止于某处就地安葬，我不忍连累先人。

蔡元定去世前，朱熹又根据《参同契》考据而推断出了一种卜筮之法，朱熹很高兴，立即写成一篇《参同契说》准备寄给蔡元定，不想，却收到了蔡元定去世的消息。十一月，朱熹重读旧稿时，写了一篇附跋：“此说欲与季通讲之，未及写寄，而季通死矣。偶阅旧稿，为之泫然。”

蔡元定获旨归葬，朱熹担心路上艰难，写信给刘崇之：此次归葬，彦中、居晦、正之这些人都已略施周济，但恐怕仍然不够归途的费用，你能不能给江西、湖南的转运使去信？沿路如果有可以嘱托的人，也一并请他们多多关照吧！

蔡沉扶柩经湖南、江西，十月二十九日，回到建阳。朱熹马上让儿子朱埜带了一只鸡、一斗酒等酒食前去吊丧。

朱熹的身体很不好，十二月六日，蔡元定安葬，朱熹又是连日大病，他无法前往，便写下祭文，让朱埜前往“哭而送之”。

> 庆元四年十有二月六日，新安朱熹窃闻亡友西山先生蔡兄季通輀车祖载，将就窀穸，已饬素车，往助执绋，而连日大病，遂不能前。谨遣男埜奉香烛茶酒，往祭柩前。于其行也，哭而送之曰：呜呼！季通而至此耶。精诣之识，卓绝之才，不可屈之志，不可穷之辩，

蔡元定墓

不复可得而见之矣。天之生是人也，果何为耶！西山之巅，君择而居。西山之足，又卜而藏。而我于君之生，既未得造其庐，以遂半山之约；至于今日，又不能扶曳病躯，以视君之返此真宅，而永诀以终天也。并游之好，同志之乐，已矣已矣，哀哉哀哉！

蔡元定安葬后，朱熹的身体略好一些，他强打着精神，亲自前往坟前祭奠。他情动于衷，祭文充满了忧伤之情：

……今丧事已毕，复备牲酒往奠坟前……曾未几时，讣音果至，相向长号，若折左肱而失右臂，呜呼，吾道其终穷矣乎！天何夺吾季通之速耶？惟君学通古今，道极渊微；精诣之识，卓绝之才，不可屈之志，不可夺之节，有不可穷之辩，有继往开来之功——今不可复得而见之矣。天生是人也，果何为耶！将以斯文之教传之也，抑或天未欲平治天下耶？

蔡元定的墓碑是朱熹写的，碑文十个大字——“呜呼有宋蔡季通父之墓”。这是朱熹效仿孔子书写延陵碑的写法。据说，季札（也称延陵季子）去世后，孔子亲自题写了“呜呼有吴延陵君子之墓”碑，一共十个字，由此，季子墓碑被称为“十字碑”。

当时的名士学者也纷纷写诗撰文哀悼蔡元定，刘爚、曾极、李闳祖、吴稚、翁陞、赵昌甫、刘淮、刘砺、黄瑞节、黄榦等人都写有挽诗。

赵昌甫写的是《哭蔡西山》：

鹃叫春陵复递诗，雁回霜月忽传悲！
兰枯蕙死迷三楚，雨暗云昏碍九嶷。
往岁力辞公府檄，暮年名预党人碑。
呜呼季子延陵墓，不待镌词行可知。

其中，“呜呼季子延陵墓”就是说朱熹书写蔡元定墓碑之事，人们在评论当时的挽诗时说，赵昌甫写的《哭蔡西山》写得最好。

后来，刘爚为蔡元定写墓志铭，最后铭曰：“西山千仞兮，清潭一曲；先生永存兮，过者其肃。”

嘉定四年（1211年），蔡元定去世十多年了，蔡元定的门生邱崇写下《叙西山先生行实纪略》，回忆起蔡元定，写道：“所谓天下完人者，若先生是已。”

又过了60多年，德祐二年(1276年)，南宋丞相文天祥带兵勤王，他辗转到福建南剑州(今南平)和邵武一带，屯兵建阳的时候，特意谒祭蔡元定祠，撰写祭文祭奠，祭词云：

周衰道丧，千有余年。
周程崛起，道统勃兴。
天生朱子，正学大明。
天生先生，羽翼厥成。
绍程继朱，朱注诸书。
六经垂训，万世作程。
揭示迷途，启迪后人。
西山隐贲，潜德弗形。
拟诸伊洛，为世仪型。
祥早师训，勤读宦成。
修身絜矩，未之能信。
躬赴国难，备香申敬！
先生如存，俨然居歆！
呜呼，尚享！

文天祥的祭文中，有句曰：“天生朱子，正学大明。天生先生，羽翼厥成。”在千年的文化传承中，天生朱熹，以扶正道学；天生季通，以羽翼朱熹，于是，中国的文化流脉，经过他们师生二人的激扬，更加汹涌澎湃了。

蔡元定与朱熹互为师友，一生相知。被誉为“朱门领袖”的蔡元定对朱熹闽学的创建贡献尤多。《宋元学案》称蔡元定为“闽学干城”，清康熙皇帝赐蔡元定“紫阳羽翼”匾。蔡元定“道德文章足以仪形当时，著书立言足以垂范后世”。

现代的一些学者普遍持有这样的观点：蔡元定作为朱熹学问的重要讲论者和启发者，朱熹著作的撰写者、修改者和校订者和理学人格的实践者，在宋明理学发展史上具有重要地位。特别是蔡元定那严谨的态度、独立的人格、捍卫师道的情怀、“独行不愧影，独寝不愧衾”的精神，对如今的社会行为仍然有积极的感召作用。

后　记

福建，山海相拥，人杰地灵，人文荟萃，英才辈出，产生了许多伟大的思想家、文学家、教育家、科学家和民族英雄、爱国先驱、革命将士、时代楷模。他们的教育成长、道德品行和思想文章，是福建的宝贵精神财富，教育和激励着一代代福建人努力学习、奋勇前行。福建省社会科学界联合会组织编写的“福建历史文化名人丛书”，以福建历史名人为题材，古今结合，意在从高处着眼、从基础着手，普及人文社会科学知识，促进人文道德养成，使社会科学知识走进大众、走进生活、走进现实，让更多的人了解福建历史名人，弘扬优秀传统文化，增强福建文化影响力和感染力，为建设文化强省添砖加瓦。

“福建历史文化名人丛书”（第三辑）所包含的董奉、薛令之、游酢、罗从彦、李侗、袁枢、蔡元定、刘克庄、俞大猷、洪承畴10个人物故事，记录了福建文化之于中国历史的影响，同时也以人物史的叙述方式生动地展现出中国人文精神的风骨和传统文化的传承。人物篇以人物生平为线索，在故事中体现传主的学问、事功、道德，凸显他们在中华文明进程中的重要作用，深入挖掘和阐发其内在精神，从而激起读者爱国爱乡的强烈情感，使之成为涵养社会主义核心价值观的重要源泉。

这套丛书以广大群众为读者对象，尤其是各年龄段的学生群体以及受过中等教育的读者，他们对这些历史名人的认知，大多来源于历史课本、乡土教材、文化景点和博物馆，很难形成具体、深入、系统的认识。丛书深入浅出，雅俗共赏，通过一个个生动精彩的故事带领读者走进福建历史，走入人文社会科学的知识殿堂，融故事性、知识性、趣味性、可读性于一体，对提升大众的阅读水平、普及社会科学知识、提高人文社会科学文化素养和思想道德素质有着积极的作用。

福建省社科联党组书记、副主席林蔚芬对编撰出版工作提出明确要求，给予大力支持。省社科联党组成员、副主席缪建萍亲自指导本书的策划和编写工作。省社科联从事社科普及工作的李道兴、杨文飞、林彤、李培娟等具体组织实施本丛书的编撰出版工作。

专家刘小新老师对丛书写作大纲和书稿进行了认真审读，并提出了许多很好的意见和建议，在此表示感谢！

由于编撰出版时间紧，经验和水平有限，疏漏在所难免，敬请广大读者批评指正。

编委会

2017年8月